완생, 좋은 삶을 위한
성공의 기술

완생, 좋은 삶을 위한 **성공의 기술**

이기홍 · 이문진 · 이인석 · 변영삼 · 이강란 · 장동철

화담,
하다

듣는 어른이 더 많아지는
세상을 믿습니다.

들어가는 말

성공의 사전적 정의는 '사회적 지위나 부를 얻는 것'이라고 합니다. 대부분의 사람들은 이처럼 명성이나 부, 행복, 성취를 성공과 연결 짓습니다. 그렇다면 성공의 기술이란 좋은 대학을 가는 법, 좋은 직업을 얻는 법, 돈을 잘 버는 법, 좋은 아파트를 사는 법일까요?

"나이 구분 없이 누구나 좋은 삶을 살고 싶은 바람이 있다."

'듣는 어른' 시리즈를 기획하면서 준비한 리더와 청년의 대담에서 만났던 한 청년의 말입니다. 나이, 성별, 가치관, 지역, 환경이 달라도 좋은 삶을 살고 싶은 마음은 모두 같다는 이 당연한 사실에 성공을 새롭게 정의해봅니다.

성공: 좋은 삶을 사는 것

"서로 다른 인생의 속도가 불안해요."
"사회로 내딛는 첫걸음을 실패로 시작하고 싶지 않아요."

"나에게 맞는 직장에서 꿈을 이어가고 싶어요."

"남들과 달라도 스스로 길을 만들고 싶어요."

"어른의 삶이 궁금해요."

_대담에서 만난 청년들의 이야기

누구보다 열심히 살며 삶의 방향을 진지하게 고민하는 청년들이 각자의 색으로 빛나길 바라는 마음으로 《성공의 기술》을 엮었습니다. 백인백색百人百色 복잡한 인생에 정답이 있을 리는 없지만, 한발 먼저 인생을 시작한 선배들의 이야기가 앞으로 겪을 인생의 파일럿 프로젝트가 될 수 있지 않을까요?

'시대에 따라 달라지는 것도 있지만 본질은 같다.'

'청년의 고민과 기성세대의 고민의 결이 다르지 않다.'

대담을 통해 만난 청년과 리더의 말에서 힌트를 얻어 세대 간의 차이가 아닌 삶의 공통점에 주목했습니다. 국내외 주요 기업 임원 출신인 6명의 저자가 각자의 인생에서 건져낸 성공에 대한 질문과 답, 각자의 인생에서 찾은 성공의 키워드를 삶의 경험을 통해 새롭게 정의합니다. 미시적 삶인 직장에서 맞닥뜨리는 과제인 **승진, 이직, 공감**

부터 거시의 삶에서 주어지는 질문인 **선택, 성장, 태도**까지 6개의 키워드를 청년기 삶의 여정에 따라 나누었습니다.

'나는 이렇게 해서 성공했다'가 아닌 '이런 나도 성공했다'는 저자들이 청년 독자에게 건네는 조용한 응원입니다. 이 책을 읽는 청년들이 자신만의 성공의 기술을 하나씩 터득하여 좋은 삶을 살아가길 바랍니다.

화담,하다 권주영

차례

승진

재능과 적성이 제자리를 찾아가는 것
이기흥

이직

하고 싶은 순간에 하는 것이 아니라
필요한 시점에 하는 것

이문진

공감

일, 인생, 성장의 필요충분 조건

이인석

선택

지금 이 순간에 집중하여
최선을 다하는 것

변영삼

성장

나다움이라는 강점으로 빛나는 것

이강란

태도

좋은 선택으로 이끄는 인생의 방향키

장동철

올라가면 내려오기가 쉽지 않아요.
올라갈 때 조심하라고 말해주고 싶어요.
모두가 높은 곳만 바라보지만
인생을 길게 보면 총수입은 같거든요.
개인과 돈에 집중하는 사회이지만
공동체의 가치도 이야기하고 싶습니다.

승진

재능과 적성이 제자리를 찾아가는 것

이기흥

서울대 수학과 졸업
HULT MBA
前) 신한라이프 부사장
보험사 최초 빅데이터 관련 비즈니스 모델 도입
금융권 최초 애자일agile 조직 도입

왜 누구는 승진하고 누구는 승진하지 못할까?

"무슨 일이든 입사하면 열심히 하겠습니다. 뭐든지 할 수 있습니다."

면접 시 원하는 분야 말고 다른 업무도 가능하냐고 물어보면 대부분 이렇게 답한다. 한마디로 '취직하고 봐야지 무슨 일을 하는지가 뭐가 중요합니까?' 이런 말이다. 그런데 일단 입사를 하고 나면 이런 일이 생긴다.

"부사장님, 이번 승진에서 김대리, 이과장이 진급에서 누락되었습니다. 어쩌죠?"

아침에 출근하자마자 김상무가 내 방에 와서 걱정을 한다. 나의 대답은 늘 비슷하다.

"잘 위로해주시고 내년도 있으니 좀 더 열심히 일하라고 하세요."

하지만 나의 속마음은…… '앞으로도 쉽지 않은데……'

명문대를 나와서 회사에 입사한 후배가 있다. 후배의 대학 동창들은 그 친구를 엄청 칭찬한다. 무척 예리하고 날카롭다고 말하고, 특히나 독서토론회를 하면 그의 인사이트에 모두 놀란다고 한다. 그런데 그는 회사에서는 아직도 과장이다. 만년 과장으로 있다. 왜 그럴까? 다른 예도 있다. 페이스북 친구로 반도체 분야에서 일한 어떤 분은 대기업에서 임원이 되지 못하고 부장으로 퇴임하는 몇몇 지인이나 동창 관련 글을 게시했다. 누구는 명문대를 수석 입학했고, 누구는 핵심 부서 근무 및 해외주재원 생활을 했고, 누구는 이런저런 활동을 한 우수한 사람들이라고 소개했다. 하지만 지인들의 화려한 배경과 스펙에도 불구하고 모두 임원이 되지 못했다는 것이다.

입사 전 화려한 스펙은 입사 후에도 중요할까? 입사 후 핵심 부서 근무나 화려한 활동이 회사 내에서 성장하는 데 정말 중요한 변수일까? 그렇다면 그들은 왜 임원이 되지 못했을까? (외부에서 보기에 핵심 부서 근무나 화려한 활동은 기업의 성과와 무슨 관계일까?) 회사 입사 시에는 모두 훌륭한 스펙과 능력이 있어서 입사했지만, 늘 이런 결과를 만나게 된다. 왜 누구는 임원이 되고, 누구는 과장 진급에서도 누락이 될까? 노력을 안 해서? 인간성이 나빠서? 아니면 사고를 쳐서? 이 모두가 아니다. 아니, 이 모두가 정답일 수도 있다.

핵심은 회사라는 곳에 입사하면 새로운 경쟁이 시작된다는 것이다. 어느 대학을 나왔는지는 관심사도 아니고, 그의 인간성도 우린 알 수 없다. 회사에 입사하면 주어진 시간에 모두 동일하게 일을 한다. 학생 때야 누구는 집에서 게임하고, 누구는 명품 과외를 받고, 누구는 도서관 가서 공부해서 그 격차가 있을 수 있지만, 회사에는 명품 과외도 없고, 출퇴근 시간 등 모두 동일한 조건에서 생활하는데 과연 노력을 안 해서 진급이 안 되었다고 말할 수 있을까? 노력으로 설명하기에는 많이 부족하다. 그럼 도대체 무엇이란 말인가?

적성과 재능을 찾아라

회사 임원으로만 16년 이상 근무한 경험에 의하면, 어렵게 들어온 회사에 적응을 못해 퇴사하는 직원들도 자주 보게 되고, 안정적인 회사 생활을 하더라도 진급에서 탈락하거나 발탁 승진을 하는 경우도 자주 보게 된다. 신입 사원 시절에는 비슷비슷하던 사람들이 회사 생활에서 이런 차이가 나는 결정적인 이유가 뭘까? 누구는 일을 잘하고 누구는 못한다. 일을 잘하는 비결은 무엇일까?

첫 번째가 적성과 재능이다. 흔히들 일을 못하는 것이 노력의 문제 혹은 일을 열심히 하지 않아서라고 말한다. 사실 이것은 할 말이 없어서 하는 인사치레에 불과하다는 것을 알아야 한다. 동일 근무 시간에 당신이 노력을 안 했다고? 능력이 없다고? 일은 모두 열심히 동일하게 한다. 하지만 그 일이 자기 적성과 재능에 맞는 직원은 높은 성과를 낸다. 나 역시 그랬다. 처음 입사한 부서의 업무는 수식 계산과 통계 지식, 약간의 프로그램 개발을 필요로 하는 일이었다. 출근하면 엑셀을 켜고 퇴근 시 엑셀을 닫는다. 나는 매일 엑셀과 지낸다. 나의 적성과 정반대의 일이었다. 대학 전공을 잘못 선택하는 바람에 이 일이 나의 적성인 줄 알고 바보처럼 몇 년을 무능하게 보냈다. 운 좋게 부서를 옮겼는데, 옮길 당시 후배가 한 말이 아직도 기억이 난다. "선배가 일을 못해서 부서 옮긴 것은 아니잖아요?" 이것이 일을 잘 못한다는 말을 우회적으로 표현한 말이라는 것은 바보가 아니면 다 알 수 있다. 그 당시 내가 일한 직종에서 이 일의 수요가 많아서 잘리지 않았을 뿐이라는 것을…… 나처럼 바보가 되어서는 안 된다.

적성과 재능이 있으면 그 일이 재미있고, 성과를 내고, 호기심이 생기고, 공부를 하게 된다. 과거 IT 업무를 총괄하던 시절, 무엇을 물어봐도 잘 대답하는 직원이 있었다. IT 트렌드나 새로운 개념에 대해 물어보면 늘 정확하게 대답을 했다. 블록체인 기술이 나왔을 때도 나는 어디서 주워들은 것을 바탕으로 물어보면 정확하게 개념 및 기술적 효용성을 설명해주는 직원이었다. 그 이후로 나는 그 직원을 엄청 신뢰하게 되었다. 잘 관찰해보니 스스로 IT 관련 커뮤니티에 가입해서 활동도 하고 회사에서는 사용하지 않는 프로그램 언어나 오픈 형태의 데이터 베이스도 만들어서 테스트해보는 것을 알게 되었다. 메타버스나 블록체인 등도 회사에서는 검토도 하지 않을 시기에 이 후배는 집에서 직접 만들어도 보고 적용도 해보고 IT 커뮤니티에서 활발하게 의견을 교환하면서 지식을 축적하고 있었다. 이 후배는 나중에 큰 회사의 임원으로 조기 승진을 했다.

다른 경우도 있는데, 데이터 분석을 잘하는 직원이 있었다. 어려운 분석 과제를 주어도 하루 이틀이면 멋진 결과를 가져와서 나에게 제시하던 직원이었다. 능력이 뛰어나 보여 여러 업무를 가르친다는 측면에서 전혀 다른 과제를 준 적이 있다. 시장조사를 해서 현재 제도나 프로세스를 변경하는 개선안을 만들라는 과제였다. 과제 기일이 한참 지났는데도 갖고 오지를 않아서 몇 번 혼내고 당장 가져오라고 했다. 보고한 리포트는 너무나 한심했다. 데이터 분석은 그렇게 날카롭게 하던 직원이 제도나 시장 분석에서는 한계를 보인 것이다.

그때 나는 알게 되었다. 잘하는 일을 시켜야 한다는 것을…… 하지만 직장에서는 내가 원하는 일만 할 수가 없다. 그렇기 때문에 더욱더 자기가 하고 싶은 일, 잘할 수 있는 일과 가까운 일을 최초 입사 시 선택해야 한다. 사람 만나기 좋아하고 돌아다니는 것을 좋아하던 사람이 회사에 입사해 하루 종일 책상에 앉아서 PC를 친구 삼아 하는 일을 하게 되면 성과는 보지 않아도 뻔하다. (영업사원보다는 사무실에 앉아서 일하는 것을 선호하는 젊은이들이 있는데, 이는 잘못된 선택이다. 외향적이고 사람과 만나서 대화하는 것을 좋아하는 사람은 영업에서 아주 뛰어난 실력을 발휘할 수 있을 뿐 아니라, 회사에서는 매출을 높이는 것이 가장 중요한 업무임을 잊어서는 안 된다. 게다가 회사 업무 시간에 사람과의 네트워크까지 만들 수 있으니 영업사원은 오히려 아주 매력적인 직업이다.) 취업이 급해서 들어간 직장이라도 그 안에서 나에게 맞는 일을 찾아내고, 가능하다면 나의 적성에 맞는 부서로 옮겨 일하는 것이 최선의 방법이다. 결국 자기 적성에 맞고 재미있어야 유능한 직원이 되지 열심히 한다고 되는 것이 아니다.

《노력의 배신》이라는 책의 저자인 김영훈 교수는 "노력도 재능이다"라고 했다. 그는 잭 햄브릭 미시간주립대 교수의 연구논문을 인용하면서, 전체 성과에서 노력이 차지하는 비중이 게임에서는 26%, 음악 21%, 스포츠 18%, 교육 4%라고 했다. 결국 직장이든 사업이든 성과를 내기 위해서는 자기의 재능과 적성이 노력보다 더 중요하다는 것이다. 특히나 재능이 있는 사람이 노력하는 시간이 더 많은데, 그 이유가 노력에 대한 성과가 더 크기 때문이라고 한다. 재능이 있으면 노력에 대한 결과가 좋기 때문에 노력 시간이 늘어나는 선순환이 이루어진다는 의미다.

이는 회사나 사업에서도 동일하다. 작은 중소기업의 e-biz 업무 관련 컨설팅을 해주는 사람이 있다. 일주일에 두 번 정도 3~4시간 와서 조언을 해주는 컨설턴트이다. 분석이나 전략적 제안을 잘해서 나도 몇 년째 같이 일하고 있는데, 이 친구는 대학교에서 성악을 전공했다. e-biz 업무는 트렌드가 너무 자주 바뀌니 힘들지 않냐고 물어보니, 본인은 이 일이 재미있고 자기와 잘 맞는다고 한다. 오히려 성악은 좀 힘들었다고 한다. 일을 잘하는 사람을 보면 그 일을 즐기고 있고, 즐기는 이유는 적성에 맞고 재능이 있기 때문이다. 이것이 일을 잘하는 비결이다.

신입 사원 시절 나는 별볼일 없는 직원이었다. 아무 생각 없이 입사한 대가를 치른 것이다. 그러나 늘 새로운 것에 대한 연구나 공부를 좋아하는 스타일인 나는 과장 때 경영혁신과 IT 기획 부서로 옮겨서 일했는데, 당시 여러 가지 프로젝트를 주도적으로 한 적이 있다. 프로젝트가 힘들기는 했지만 새로운 시도는 나에게 재미와 흥미를 불러일으켰다. 이런 프로젝트가 필요하다고 말하면서 상사나 동료들에게 이야기하는 것을 내가 즐긴다는 것도 알게 되었다. 사실 옮긴 부서는 회사 내 핵심 부서는 아니었지만 나는 거기서 많은 것을 배우고 또 실행하면서 미래 커리어를 쌓았다. 그때의 경험과 성과 덕분에 좋은 조건으로 회사를 옮기게 되었는데, 만약 신입 사원 시절 엑셀 작업을 통해 무언가를 보여주는 일을 지속했다면 나는 만년 과장으로 퇴임했을 것 같다. 데이터를 가공하고 수식을 세우고 값을 만들어 내는 일은 중요하고 핵심적인 일이었지만, 나에게는 지루하고 재미

없는 일이기도 했다. 반면 경영의 흐름을 보고, 할 일을 찾아내고, 토론하고, 논쟁하고, 설득하면서 프로젝트화하는 일을 내가 즐긴다는 것을 알게 되었다. 훗날 빅데이터 프로젝트를 주도할 때도 비즈니스 과제 도출, 결과에 대한 비즈니스적 해석은 내가 주도했지만, 데이터를 모으고, 정제하고, 가공하고 분석하는 일들에는 일체 관여하지 않았다. 내가 잘할 수 없는 일임을 알았기 때문이다. 이처럼 자기 적성과 재능을 아는 것 그리고 그것을 업무에 적용하는 것이 가장 큰 성과를 낸다는 것은 너무나 명확하다.

이를 가장 쉽게 증명할 수 있는 예가 취미다. 내가 다니는 성당에는 족구 모임이 있다. 사람들과 만나는 것을 좋아하는 나는 일요일에 운동 겸 족구를 하러 나가려고 하는데 잘 안 나가게 된다. 이유는 뭘까? 잘 못하기 때문이다. 운동신경이 별로인 나는 단체 운동은 잘 안하게 된다. 내가 늘 민폐를 끼치기 때문이다. 하지만 등산은 나르다. 나는 등산을 무척 좋아하고 잘하기도 한다. 그래서 등산은 무슨 일이 있어도 꼭 간다. 족구 모임에는 자주 빠지지만, 등산 모임은 아주 중요한 일 아니고는 간다. 인간은 누구나 그렇다. 자기가 좋아하는 일, 재미있는 일은 시키지 않아도 열심히 하게 되고 당연히 좋은 성과로 이어진다. 그래서 운동을 통해 다이어트를 하려는 사람도 자기가 좋아하는 운동을 찾아서 해야만 성공 확률이 높다.

그런데도 우리는 성과가 나지 않는 이유가 일을 열심히 하지 않기 때문이라고 한다. 직장 생활 하면서 일을 열심히 하지 않는 사람은 없다. 누구나 주어진 시간에 회사에서 최선을 다해 일한다. 그런데 차이가 나는 것은 일을 열심히 하지 않아서가 아니고 자기 적성과 재능에 맞지 않는 일을 하기 때문이다. 입사한 지 몇 년도 안 돼 회사를 떠나는 직원을 안쓰럽게 생각하면, 부장이 와서 늘 하는 말이 있다. "그 친구 일을 못해서…… 나가는 게 더 바람직합니다." 그때마다 가슴이 아팠다. 자기의 재능이 무엇인지를 입사 후에라도 충분히 고민했다면 더 좋은 결과를 만들지 않았을까 하는 안타까움이 있다.

연세대를 나와 2년 정도 사회복지사로 일하다 청년 도배사가 된 배윤슬 씨, 수능에서 단 네 문제를 틀리고 서울대 자유전공학부에 입학했지만 목수가 된 장윤해 씨, 제약 회사를 다니다 직장이 아닌 직업을 택했다는 타일공 유택근 씨. 왜 그들은 기능직 기술자가 되었나? 명문대를 갔지만 기능사 길을 택한 이 젊은이들의 먼 장래를 보았을 때, 대기업에 취직해서 적성에 맞지 않는 일을 하면서 지내는 것보다는 더 성공할 가능성이 높다. 지금은 도배사이고 타일공이고 목수이지만 그들이 앞으로 어떻게 미래를 설계해나갈지는 아무도 모른다(환갑의 나이에 고등학교 동창 모임을 하면, 공부 잘해서 명문대 간 친구들의 삶은 거의 비슷한데, 그렇지 않은 친구들이 더 멋지게 성공한 경우를 너무나 자주 볼 수 있다).

TV 인터뷰에서 타일공 유택근 씨가 이런 이야기를 했다. 본인이 타일공 한다고 했을 때 부모가 극심하게 반대했다는 것이다. 또한 일하고 있는데 지나가던 사람이 공부 안 하면 너도 저렇게 된다고 말하는 걸 들었을 때 마음이 아팠다고 한다. 자기도 대학 나오고 공부도 잘했고 기업에 취직해서 다녔지만, 적성에 맞지 않고 비전이 없어서 기능직으로 전환해 적성에 맞는 타일공을 하고 있고, 타일공도 전문직으로 아무나 쉽게 할 수 없는 일인데 그런 식으로 말하는 것이 불편했다는 것이다. 게다가 본인은 자신의 직업에 만족하고 있다고 말했다.

서울대 출신 목수 장윤해 씨도 TV 다큐멘터리에 나와서 자기 삶에 대해 만족감과 희망을 보여주었다. 장윤해 씨가 미래를 어떻게 설계해나갈지는 모르지만, 집을 지을 때 필요한 단순 목수에서 카페나 집 인테리어 전문가로, 혹은 목조주택의 설계자나 시공자로, 혹은 전통가옥 설계를 기반으로 세계로 진출해 전세계의 목조주택을 설계하고 시공하는 비즈니스맨으로 성장할지도 모른다. 지금 장윤해 씨는 유튜버로도 열심히 활동하고 있다. 앞에 언급한 경우처럼, 부모들이 자식들에게 직업을 차별하는 언급을 하는 것은 도덕적으로 바람직하지 않지만, 그 말 자체도 과연 맞는 말일까?

인공지능의 발달로 미래의 직업 세계가 어떻게 바뀔지 모른다. 책상에 앉아서 일하는 많은 직업이 없어지리라는 것은 쉽게 예측할 수 있다. 하지만 기능직은 AI가 대체하기 어렵다. 게다가 지금도 미국의 배관공은 연봉이 1~2억이 넘는다. 한국에도 10~20년 후 기능직 기술자가 우대를 받는 시대가 올 것이 명확하다. 게다가 본인이 좋아하는 일이면 지금 하는 일을 더 발전시켜 새로운 비즈니스를 만들어낼 가능성이 높다. 대기업에 취직해서도 나의 일, 즉 나의 업을 잘 택하지 못해 매번 진급에서 탈락하는 사람이 되겠는가, 아니면 나의 적성과 재능에 맞는 일을 택해서 나의 삶을 살아갈 것인가.

적성과 재능을 발견하는 법

그렇다면 적성과 재능은 어떻게 알 수 있을까? 초등학교 자녀를 둔 강남의 부모는 자식 적성을 사주와 MBTI를 조합해서 파악한다는 우스갯소리가 있다. MBTI는 나의 성격과 스타일을 아는 데 도움을 주지만, 나의 적성과 재능 그리고 어떤 일을 하는 것이 좋은지를 제시하는 데는 한계가 있다. 나의 적성에 맞는 직업 분야를 알 수 있는 가장 좋은 방법은 다독이다. 수많은 책을 읽어보라. 재미없는 책은 바로 던지고 재미있고 관심 있는 책만 읽어라. 사실 재미있는 책은 읽지 말라고 해도 읽게 된다. 도서관에서 책은 빌려주니 여러 권을 빌려서 이것저것 읽어보라. 한 1년 정도 여러 책을 읽어보면 나의 관심사를 알게 된다. 단순히 검색이나 유튜브를 통해 얻은 단편적인 지식으로 판단하면 안 된다. 최소한 1년 정도의 시간을 갖고 관심 있는 분야를 집중적으로 파악해보아야 한다. 단순히 재미있는 것인지, 아니면 연구하고 싶고, 그 분야에 대한 더 깊이 있는 책을 읽고 싶은지를 아는 것이 핵심이다. 1년 정도 읽으면서 이 분야에 대해서는 내가 책을 한번 써보고 싶다는 마음이 든다면, 그것을 당신의 직업으로 정하는 것이 가장 이상적이다. 흥미 있는 정도는 내가 직업을 선택하는 기준이 되기 어렵다. 깊게 연구하고 싶은 마음이 생기면 그것이 나의 직업이 되어야 한다. 'fun'과 'interest'는 다르기 때문이다.

적성과 재능을 확인하는 또 다른 방법은 행동하기이다. 내가 좋아하는 것을 직접 해보기를 바란다. 나는 집안일에는 '똥손'이다. 실리콘 쏘는 것도 내가 하면 늘 울퉁불퉁이고, 페인트칠도 유튜브 보면서 열심히 연구해서 칠했지만, 그 결과는 참담했다. 그래서 나는 이런 일은 가능한 한 부탁하거나 안 하거나 돈을 주고 할 수밖에 없다. 내가 이런 직업을 택했다면 1년도 안 돼서 망했을 것이디. 하지만 내 친구는 이런 일을 아주 잘한다. 명예퇴직을 한 내 입사 동기는 공방을 운영한다. 책상도 만들고 식탁도 만든다. 주위 친구들이 아주 잘 만든다고 칭찬을 한다. 나도 한번 도전해본 적이 있다. 결과는 여러분의 상상에 맡긴다.

마케팅에 관심 있는 사람은 공모전에 응모해서 다른 사람이 만든 마케팅 제안서와 나의 것을 비교해보면 나의 수준을 금방 알 수 있다. 투자에 관심 있는 사람은 투자 관련 책을 읽으며 그것이 재미 있는지, 그런 책을 통해 나의 영역이 확장되는지, 그리고 내가 점점 깊이 있게 공부하는지를 파악하고 실제 투자를 해보는 것이다. 이렇게 실제로 참여해보면 나의 적성과 재능을 더 명확하게 알 수 있다.

앞에서 이야기한 세 명의 젊은이들처럼 목수, 도배사, 타일공 같은 기능직을 선택할 때도 자기 적성에 맞는 직업을 찾는 것이 중요하다. 자기 적성에 맞는지 안 맞는지는 한번 해보면 잘 알 수 있다. 기업도 큰 프로젝트를 하기 전 작게 테스트 프로젝트를 해보는데, 이를 파일럿 프로젝트 혹은 프로토타이핑prototyping이라고 한다. 큰 의사결정 전에는 다 이렇게 먼저 해본다. 기업의 전략이나 인생의 삶이나 유사한 것이 많다.

현실적으로 대부분의 사람이 취업 전에 이렇게 하기는 힘들 것이다. 취직이 먼저니 말이다. 하지만 취직 후라도 늦지 않다. 위의 방법을 1년만 써보면서 회사 업무를 같이 해보면 자기 적성과 재능을 알게 된다. 가장 좋은 것은 자기 적성과 재능이 발휘될 수 있는 부서나 분야의 일을 하는 것이다. 현실적으로는 쉽지 않으나 가능한 한 찾으려고 노력해야 한다. 내게 딱 맞는 일은 없겠지만, 어느 정도 내 적성의 범위 내에 들어오는 일을 하도록 노력해야 한다. 하지만 많은 직원이 핵심 부서에서 핵심 업무를 하고 싶어한다. 이것은 큰 실수다. 나는 회사 핵심 부서에 근무해본 적이 거의 없지만, 내 일이 최고의 핵심 가치가 있는 일이라 늘 생각했다. 첫 직장에서는 해외 어학연수, 두 번째 직장에서는 MBA를 보내주었다. 게다가 회사 생활 33년의 반을 임원으로 생활했다. 중요한 것은 적성과 재능이다.

_____

노력하면 다 된다? 시대정신이 만든 함정

"너는 노력이 부족해!" 부모님이 늘 하는 말이다. "노력하면 되는데 너는 노력을 안 하잖아." 이런 말을 수백 번은 더 들었을 것이다. 이 말은 진실일까? 나의 대답은 역시 '아니다'이다. '하면 된다'가 아니고 '되면 한다'이다. 앞에서도 짐 햄브릭 미시간주립대 교수의 논문을 통해 성과를 내기 위해서는 재능이 노력보다 중요하다고 했다. 그런데 왜 부모들은 이런 말을 하는 것일까?

여기에는 시대정신이 주는 함정이 있다. 지금의 50~60대 부모들은 대한민국의 고도 성장기에 태어나고 자란 사람들이다. 대학만 졸업하면 취업도 잘되었고 회사는 날로 커져갔다. 나도 그 시대의 특혜를 받은 사람이다. 내가 입사할 당시 6개였던 생명보험사가 10여 년에 걸쳐 33개로 늘어나기도 했다. 이렇게 회사가 늘어나면 당연히 일자리는 많아지고 좋은 조건으로 회사를 옮길 가능성이 커진다. 일자리가 차고 넘쳤던 것이다. 나 역시 회사를 옮겨서 임원이 되었다. 물론 모든 사람이 그렇게 되는 것은 아니지만 자기의 재능이나 강점을 어느 정도 살릴 수 있는 환경이 주어지면 성과라는 과실을 갖게 된다. 게다가 성장의 시대이니 회사 조직이 커지면서 이 부서 저 부서로 옮겨 다니며 자기 적성에 맞는 부서를 찾을 기회도 많아진다.

그 시대 많은 부모들이 회사의 성장과 함께 여러 부서를 옮겨 다니면서 재능을 발휘할 수 있는 기회를 갖게 되었다. 그러다보니 부모들은 열심히 하면 기회가 생긴다는 말을 하는 것이다. 그래서 재능과 적성보다는 '노력하면 다 된다'는 말을 입에 달고 사는 것이다. 하지만 지금의 시대는 어떠한가? 저성장의 시대이다. 취업도 정말 어렵다. 취업해서도 과거처럼 폭풍 성장하는 회사는 거의 없다. 회사 입사

후 부서를 옮기는 것도 쉽지가 않다. 이런 환경에서는 노력만 한다고 해결될 문제가 아니다. 저성장의 시대에는 저성장에 맞는 전략을 택해야 한다.

2005년에 발간된 《위대한 나의 발견, 강점혁명》이라는 책이 있다. 이 책의 핵심 요지는, 인간은 누구나 강점과 약점을 갖고 있는데 강점은 극대화하기가 쉽지만 약점은 보완하기가 어렵다는 것이다. 잘 생각해보면 우린 자기 약점을 극복하기 위해 많은 노력을 한다. 하지만 다 알지 않는가? 약점은 노력해도 잘 극복되지 않는다는 것을. 강점은 자기의 재능과 적성에서 비롯된다. 재능과 소질이 있어서 잘하는 것이고, 잘하는 것이 강점이 되는 것이다. 나 역시 입사 후 엑셀을 친구 삼아 지내던 시절은 성과도 없고 인정도 받지 못했지만, 회사를 옮기고 자유로운 분위기에서 내가 하고 싶은 일들을 시작하면서 일도 재밌어지고 성과도 내게 되었다. 부모들이 하는 '노력하면 다 된다'는 말은 성장 시대에는 그나마 귀담아들을 말이지만 저성장의 시대에는 자신의 적성과 재능을 살피고 나의 강점을 발휘할 수 있는 일을 택해야 한다. 나의 일에 대해 꾸준히 공부하는 자세만 견지하면 성공은 따라오는 것이다. 이것이 가장 중요하다. 그래야 일을 오래 하고 평생 한다.

취직 후 '진검 공부'가 시작된다

"아버지, 저는 베이커리에 제 인생을 걸겠습니다". 고등학교 졸업하고 대학을 갈 줄 알았던 친구 아들놈이 한 선언이다. 친구는 고민에 빠졌다. 남들처럼 공부해서 대학을 갔으면 했지만 아들놈은 과감하게 베이커리에 도전했다. 1년 전 빵집을 냈다는 소식을 알려왔고, 얼마 지나지 않아 대박을 쳤다. 우연히 유명 유튜버가 방문하고 맛있다고 소문을 내주었고, 백화점 담당자가 방문한 후 백화점 내 이벤트를 열어주기도 하면서 소문에 소문을 타기 시작했다. 친구의 아들이 대표 아이템으로 내세운 소라빵은 인기 품목이 되었다. 반면 다른 친구의 아들은 유사한 업종에서 장사를 했으면서도 망해서 문을 닫고 말았다. 어째서 이런 차이가 생긴 걸까?

'저 대기업에 취직했어요.' 자랑스럽게 이야기하면서 이제 공부에서의 해방을 외치는 젊은이를 볼 때마다 나는 이런 생각을 한다. '지금부터가 생존을 위한 경쟁의 시작인데……' 대부분 대학을 졸업하면 공부와는 안녕이라고 생각한다. 회사라는 조직에서 일을 하든, 장사를 하든, 기능공으로 일하든, 일을 하게 되면 사람은 공부를 하지 않아도 된다는 착각을 한다. 그러나 대학을 졸업하고 나면 이제 생존을 건 공부를 하게 된다. 대학에서는 공부를 안 하면 C학점을 받으면 되지만, 직업 전선에 뛰어들고 나서 C학점을 받으면 바로 퇴학이다. 대기업에 입사해도 자기 분야에 대한 책을 꾸준히 보아야 하고, 더 넓고 더 깊게 사고해야 한다. 회사에서 월급을 주는 것은 네가 그 이상을 하라는 것이다.

회사가 하라는 일만 해서는 진급이 안 된다. 내가 무엇을 더 할 것인가를 늘 생각해야 한다. 〈미생〉이라는 드라마에서 고졸 출신의 사원이 엄청난 성과를 냈지만 계약직에서 정규직으로 전환되지 못했다. 이는 드라마일 뿐이다. 성과를 내면 계약직이든 뭐든 그에 상응하는 보상이 따른다(과거 나와 같이 일했던 모 부장은 상고를 나온 여성이었지만 지금 임원으로 근무한다. 그가 임원이 되었다는 이야기를 들었을 때 얼마나 기뻤는지 모른다). 기업은 철저한 성과 집단이다. 성과를 내기 위해서는 일과 관련된 공부를 해야 하고, 연구를 해야 하고, 나의 분야 이외에도 폭넓게 알아야 한다. 진정한 공부의 시작이다.

회사 입사 동기는 나의 친한 친구이기도 하지만 나의 경쟁자이다. 같은 대학 같은 과 동기와 한 부서에서 근무한 적이 있었다. 보이지 않는 경쟁을 할 수밖에 없었고 그것이 싫어서 나는 부서를 옮겼다. 하지만 옮긴 부서에서는 입사 동기와 경쟁을 해야 했다. 이처럼 직장에서 경쟁은 피할 수 없는 숙명이다. 게다가 직장은 모두가 A를 받는 절대평가 시스템이 아니다. 철저한 상대평가에 의해 내가 평가받게 된다는 점을 잊어서는 안 된다. 직장에 취직하면 공부 끝, 꽃길 쭈욱이 아니라 생존을 건 공부가 시작된다는 점을 기억해야 한다.

　요식업을 하는 경우는 바로 피부로 느낄 것이다. 어떻게 더 맛있는 음식을 만들 것인가, 홍보는 어떻게 할 것인가, 직원 교육은 어떻게 시킬 것인가 등등 작은 식당을 해도 이런 부분에 대한 지식과 연구가 없으면 결코 성공할 수 없다. 음식의 맛도 중요하지만 마케팅과 서비스도 더없이 중요하다. 동네 고깃집이 얼마나 많은가? 어디는 신장 개업하더니 몇 달도 안 돼서 문을 닫는다. 그런데 어느 고깃집은 너무 잘돼서 줄을 선다. 물론 맛이 있어야 한다. 하지만 잘되는 가게는 맛 이외에 다른 것이 있다. 종업원의 친절은 하늘을 찌르고, 청결하고, 언제나 식사하는 사람을 관찰하면서 필요한 것이 없는지 늘 살핀다. 마케팅도 잘한다. 오래전 뉴욕의 아주 고급 식당에서 식사를 한 모 사장님의 이야기를 들은 적이 있다. 그분이 놀란 것은 늘 빈 그릇은 치워져 있고 필요한 것은 채워져 있는데 누가 와서 서비스를 했는지 모르겠다는 것이다. 물론 과장이 있겠지만 그분은 이런 세심한 서비스에 놀랐다고 한다.

책을 읽는 것만이 공부가 아니다

공부는 책을 읽는 것만을 의미하는 것이 아니다. 친구의 아들은 베이커리를 열기 전부터 원재료에 대한 공부와 학습을 했고, 유명 베이커리에서 7년 이상을 견습생으로 일했다. 마케팅도 공부하고 SNS 활용법도 익히고, 빵에 대한 연구도 게을리하지 않았다. 하지만 그는 지금부터가 문제라고 말한다. 더 공부하고 연구해야 살아 남을 수 있다고 신메뉴 개발부터 마케팅까지 하루하루를 연구와 공부 속에서 살아간다.

적성에 맞고 재능이 있으면 관련 공부도 더 쉽게 하게 되는 경향이 있다고 언급했지만, 혹시라도 하고자 하는 분야가 자신의 적성이나 재능과 조금 거리가 있다 하더라도 독서와 학습을 게을리하지 않으면 충분히 따라잡을 수 있다. 그리고 그 성과를 바탕으로 자신의 적성과 재능에 어울리는 부서로 옮길 기회가 생길 수 있다. 그런데 많은 직장인이나 사회인이 공부의 필요성을 자각하지 못한다. 회사 일을 끝내고 나면 회사 일은 잊고 즐기는 것은 맞지만, 일과 연관된 학습은 꾸준히 해야 한다. 지금의 세상은 너무나 빠르게 변하고 있기 때문에 지속적인 자기학습이 없으면 살아남기 힘들다.

나는 자기계발을 이야기하는 것이 아니다. 습관 만들기, 아침형 인간 되기, 창의력 만들기 등등 이런 자기계발은 나는 지속하기도 어렵고 효과도 없다고 생각하는 사람이다. 내 경험으로는 습관 만들기도 성공하기 어렵고, 아침형 인간은 왜 중요한지도 모르겠다. 올빼미형 인간은 올빼미로 살아야 성과도 좋을 텐데 일률적으로 아침형 인간이 되라니? 그저 내 인생의 성공을 위해, 내가 지금 하는 일을 조금 더 잘하기 위해 책을 놓지 않는 것으로 충분하다. 업무와 관련된 책을 늘 곁에 두면 가끔씩 보게 되고, 그런 과정이 누적되면 그것이 자기의 실력이 되어간다. 아주 쉬운 일이다.

나는 회사에 충성하라고는 말하지 않는다. 회사는 언제든지 떠날 수 있다. 하지만 내가 하는 일은 평생 하게 될 가능성이 높다. 그렇기 때문에 일에 대해서는 공부를 지속적으로 해야 한다. 나의 업무나 일에 관련해서는 책이든 잡지든 항상 곁에 두고 시간 날 때마다 보아야 한다. 입사 후 나의 일에 대한 공부를 게을리하지 않는 것이 당신의 40년을 좌우할 열쇠라는 점을 기억해야 한다.

내 일의 가치를 스스로 만들어라

우리는 직업에 귀천이 없다고 학교에서 배우지만 현실은 그렇지 않다. 이 세상에는 존경받는 직업, 그렇지 못한 직업이 현실적으로 존재한다. 하지만 직업을 선택했으면 그 직업이 무엇이든 나의 직업이나 일에 대한 자부심을 만들지 못하면 성공하기 어렵다. 내가 하는 일이 가장 중요한 일이고 이 사회에 엄청난 기여를 한다는 생각을 본인 스스로 만들어야 한다. 마트에서 아르바이트를 하더라도, 내 일의 가치를 스스로 만들어내지 못하면 일도 힘들고 좋은 성과도 결코 만들 수 없다. 회사에 대한 자부심과 일에 대한 자부심은 다른 것이다. 자기가 하는 일이 얼마나 가치 있는 일인지를 자각하라는 것이지 회사에 대해 충성심을 가지라는 것이 아니다. 나에게 중요한 것은 내가 지금 하는 일, 그것이지 회사가 아니다. 회사는 옮겨 가도 같은 일을 계속하게 되기 때문이다.

지인이 사모펀드 회사에 다니는데, 누구는 사모펀드 회사의 목표는 '먹튀'라고 하고, 언론에서도 "○○사모펀드 회사 먹튀 논란"이라는 기사가 자주 나오니 자식들이 아버지 직업을 물어보면 답하기가 좀 민망하다고 한다. 사모펀드 회사는 경영을 잘못해서 기업이 시장에 매물로 나오면 기업 가치를 판단하고 인수한 후 경영진을 교체해서 회사 가치를 올린 다음 되파는 것을 주요 업으로 한다. 시장에 기업이 나온 것은 경영을 못해서 기업이 망해가니 누가 사달라고 나오는 것이고, 이것을 사모펀드 회사가 인수 후 경영을 잘해서 높은 가격에 팔았다면 기업도 살리고 본인들의 실리도 취한 것이다. 나쁜 측면만 보면 기업 인수해서 직원을 대량 해고하여 인건비를 줄이고 되팔아 막대한 이익을 챙기니 '먹튀'라고 비판하지만, 긍정적인 측면을 보면 망해가는 기업을 인수해서 회사 정상화를 시킨 것이다. 사모펀드 회사에 대해 내가 어떤 생각을 갖는가에 따라 일하는 마음가짐도 달라진다. 구조조정을 통해 직원을 대량 해고하는 일로 생각할지, 부실 회사를 견실한 회사로 만드는 일로 생각할지는 본인이 결정할 문제다.

생명보험 회사에서는 설계사가 가장 중요한 사람이다. 회사 매출을 책임지기 때문이다. 하지만 설계사는 사람들이 기피하는 직업이다. 친구나 지인이 설계사로 취직하면 전화를 받지 않는다는 말도 있고, 설계사로 취직한 사람은 친구 관계가 전부 재편된다는 말도 있다. 그만큼 설계사라는 직업에 대해 사회적으로 편견이 있는 것은 사실이다.

하지만 내가 모 생명보험사 근무 시 만난 H사장님은 보험 회사의 업에 대해 확고한 신념과 자부심이 있었다. 그는 늘 이렇게 말했다. "보험 회사는 '내가 죽으면 우리 가족은 누가 지킬 것인가?'라는 숭고한 가족애에 그 바탕을 두고 있다. 사람의 목숨을 담보로 하는 일이다. 이 세상에 사람의 목숨을 걸고 하는 일이 또 있는가? 당신이 TV를 만들 때 당신 목숨을 걸고 만드는가? 하지만 보험은 내가 가입할 때 나의 목숨을 담보로 건다. 내가 살아 있으면 벌어서 가족을 지키고, 내가 죽으면 이 한 장의 증서가 우리 가족을 지킬 것이라는 믿음을 사는 것이다." 그래서 보험 가입 시 반드시 유언장을 써야 한다고 이야기했고, 만에 하나 불의의 일을 당하면 설계사는 보험금과 유언장을 갖고 유족을 찾아가서 전달해야 한다고 늘 강조했다. 이처럼 숭고한 일을 설계사가 하는데 왜 설계사가 천대받는지 이해할 수 없다고 이야기했다. 한번은 임원들 워크숍을 마치고 회식 중에 H사장님이 술에 너무 취해서 숙소까지 부축하고 간 적이 있는데 그 취중에도 설계사가 존경받는 세상을 만들어야 한다고 이야기한 것이 기억난다.

나도 사장님과 일하면서 보험 회사에 다닌다는 것이 얼마나 자랑스러운 일인지를 외치며 살았다. 설계사 또한 이기적인 세상에서 타인을 위한 생명보험을 통해 가족을 지키는 헌신적인 삶을 사는 사람이라고 강변하곤 했다. 물론 보험 회사에도 여러 문제가 있는 것도 사실이고, 설계사도 보험업의 정신을 갖고 있지 않는 경우도 있을 것이다. 하지만 나는 보험 회사에 다니는 것이 자랑스럽고, 설계사를 진심으로 존경했다. 나의 이런 생각이 맞는지 틀린지는 중요한 것도 아니고 논쟁의 대상도 아니다. 단지 내가 어떤 직업을 선택하든 그 직업에 대한 자부심이 있는가 없는가가 중요하다.

직업에 대한 자부심을 가지면 일을 더욱 열심히 하게 된다. 이 세상에 필요 없는 직업은 없다. 하지만 그 직업에 대해 자부심을 갖고 있는 사람은 적다. 회사 직원들과 이야기해보면 '월급쟁이'라고 자기를 폄하하거나 혹은 '영혼 없는 직장인'이란 말을 사용하기도 한다. 자기 직업에 대해 자부심을 스스로 만들지 못하면 아무리 적성에 맞고 재능이 있어도 성장하지 못한다(톨스토이는 변화를 통한 성장만이 인간을 행복하게 할 수 있다고 말했다). 일에 대한 자부심이 없는 사람이 일을 남과 다르게 열정적으로 할 수 있을까? 자기가 하는 일에 대해 연구나 공부를 할까? 더 나아지기 위한 노력을 할까?

중요한 것은 나의 일에 대한 자부심은 내가 만드는 것이지 회사가 만들어주는 것도, 동료나 선배가 만들어주는 것도 아니라는 것이다. 내 일을 누가 뭐라 해도 자랑스럽게 생각하고 자랑스럽게 이야기할 수 있어야 한다. 이런 자부심이 있어야만 행복하게 일할 수 있다. 나도 H사장님 덕분에 보험 회사 다니는 것이 자랑스러웠다. 그런 자부심이 있었기에 일이 즐거웠고, 더 잘하기 위해 공부했고, 열심히 했다. 그런 이유로 회사 생활의 반을 임원으로 근무하지 않았나 생각한다.

타일공 유택근 씨도 TV 인터뷰에서 자기 일이 얼마나 전문성을 요하고 섬세한 일인가를 설명했고, 도배사 배윤슬 씨도 신문, 잡지사와의 인터뷰를 통해 신축 아파트, 친구 집 등 여러 다른 곳에서 도배를 하면서 느끼는 감정과 일에 대한 자부심을 설명했다.

자부심이 성과를 만든다

직업에 대한 자부심이 중요한 또 다른 이유는 그것이 일의 성과와 연결되기 때문이다. 일에 대한 자부심은 정신분석학적 측면에서 볼 때도 일을 잘하는 요소가 된다. 일을 못하는 요인 중 하나가 불안이다. 일이 주어졌을 때 '내가 잘할 수 있을까? 저번에도 잘 못해서 질책을 받았는데'라면서 부정적 요인을 생각하게 되면 그 일은 시작할 때 이미 결과가 나온 것이나 다름없다. 프로이트는 100년 전에 '인간의 무의식에는 부정이 없다'고 말했다. 즉 '코끼리를 생각하지 마'라고 말하면 더욱더 코끼리를 생각하게 된다는 것이다. 인간에게는 부정의 의시이 없기 때문에 부정적인 생각을 하지 말라고 하면 더욱더 생각하게 되기 때문이다. 일에 대한 자부심이 있으면 '내가 과연 새로운 일을 잘할 수 있을까'라는 부정적인 생각보다 그 일이 중요하고 가치 있는 일이란 생각을 먼저 하게 된다. 그리하여 결과에 관계없이 내가 하는 일이 뭔가 가치 있는 일이란 생각이 들고 과정에 집중할 수 있게 된다. 그러면 불안감을 잠재울 수 있다. 그래서 상사가 일을 부여할 때도 이 일의 가치를 먼저 설명하고 과정에 집중할 수 있도록 이끌 필요가 있다.

일에 대해 자부심이 있으면 단순히 일을 열심히 하게 되는 것이 아니라 일을 새로운 시각에서 바라보게 된다. 이 점이 무척 중요하다. 주어진 일을 그냥 하는 것이 아니고 좀 더 다른 차원에서 바라보는 힘이 생기게 된다. 나의 경험을 소개하자면, 운영 업무를 총괄할 때 어떻게 설계사를 도와줄 수 있을까를 늘 고민해서 매년 영업 전략 발표를 했는데, 가끔은 '영업본부에서 발표하는 것보다 더 영업적이다'라는 말을 들은 적도 있었다. 설계사의 경우 이직율도 높고, 일부 설계사의 경우 고객에게 상품에 대한 기본 내용과 필수 사항을 충분히 알리지 않고 판매하는 일도 발생해서 보험업계에서는 원칙과 규정을 중시하는 경향이 많다. 예를 들면 고객에게 제공하는 자료도 쉽게 설명하기보다는 법률적 문제가 없도록 어려운 용어를 넣어가면서 리스크를 피하기 위해 만들어지는 경향이 있다. 아시다시피 지금 은

행, 증권, 보험 회사에 상품을 가입하려고 하면 사인해야 하는 서류가 열 장을 넘어가는 경우가 허다하다. 나는 이것이 바람직하지 않다고 생각하는 사람 중 하나이다. 이렇게 서류에 사인을 해도 늘 큰 문제가 발생한다. 회사의 리스크를 회피하기 위해 자료를 전문용어와 법률적 문장으로 만들면 고객이 이해하기 어렵다고 생각해서 몇 번에 걸쳐 고객 자료에 이미지도 넣고 도표도 넣어 최대한 쉽게 만들려고 노력했다. 때론 고객을 컨설턴트로 초빙해서 새로 나올 상품의 안내자료를 고객에게 직접 만들어달라고 한 적도 있다. 고객이 직접 만든 자료는 전체 임원회의에서 발표하게 했고, 여러 법적 리스크에 대한 논쟁이 있었지만 회사의 리스크만큼이나 고객이 이해하지 못해서 발생하는 리스크 측면도 고려해야 한다고 설득한 적이 있다. 가능한 회사보다는 고객 입장에서 안내장을 만들고자 노력했다. 이렇게 생각이 바뀌게 된 것도 보험업에 대한 강한 자부심이 있었기 때문이다. 고객에게 제공하는 자료도 규정과 원칙에 중점을 두기보다는 고객의 입장에서 정리되어야 보험 상품의 판매가 용이해지고 보험업이 발전할 수 있다는 믿음이 있었기에 변화를 주려고 노력했다. 비록 작은 변화이지만 현장에서의 반응은 좋았다.

자기가 하는 일에 대한 자부심은 문제를 해결할 때도 완전히 다른 결정을 내리게 한다. 나의 경험을 하나 더 이야기해보겠다. 보험 회사는 생명보험 인수 시 직업별 가입 한도가 있다. 이 규정을 두는 이유는 역선택, 즉 소득은 적은데 고액 사망보험에 가입해서 발생하는 도덕적 위험을 피하기 위함이다. 각 회사마다 기준이 다른데, 과거 내가 다닌 회사는 주부의 가입 한도가 3억 원 정도였다. 당시 직업이 주부인데 10억 정도의 사망보험 가입 신청이 들어왔고, 그것을 계약심사부서에서 반려한 적이 있었다. 설계사는 나에게 전화해서 자초지종을 설명했고, 나는 그의 말이 타당하다고 생각해 계약심사부 직원들과 미팅을 했다. 핵심 내용은 10억의 보험 가입을 신청한 사람이 주부인 것은 맞으나 당시 아주 유명한 운동선수의 어머니였고, 실제로는 해외 대회, 올림픽 등등을 어머니가 따라다니면서 매니저 역할을 하고 있었다는 것이었다. 직원들은 직업이 주부이니 3억 이상은 어렵다고 했고, 나는 이 어머니의 직업이 주부가 맞는가에 대해 의문을 제기했다. 형식상 직업은 주부이지만 사실상 매니저이고, 이 운동선수는 세계적인 선수이니 TV 광고 등 수입이 어마어마할 것이다. 그렇다면 이 운동선수가 매니저에게 월급을 준다면 상당한 급여를 줄 것이고, 그 급여를 인정한다면 사망보험금 10억 정도는 가입이 가능하지 않겠는가? 이것이 나의 생각이었다. 점심 식사도 못하고 거의 2~3시간 논쟁 끝에 그 계약을 인수하는 것으로 결정하였다.

이 사례도 내가 보험업에 대한 자부심이 있었기에 원칙과 규정보다는 실질적 직업이 무엇인지를 봐야 한다고 주장했던 것이다. 그 계약을 하기 위해 땀과 눈물을 흘리며 일하는 설계사가 있고, 그들이 있기에 우리가 월급을 받는 것인데 종이에 적힌 규정과 원칙만 주장하는 것이 맞는가를 나는 고민했던 것이다. 자기가 하는 일에 대한 자부심과 철학이 있으면 전략과 의사결정이 달라진다. 그만큼 자기 일에 대한 자부심은 삶을 즐겁게 살아가는 데도 중요할 뿐 아니라 성과를 내는 원동력이다. 이 세상에 직업의 귀천이 있을지는 모르지만 직업에 대한 자부심의 귀천은 없다.

나를 브랜딩하라

적성과 재능에 맞는 직업을 택했고 그 직업에 대한 자부심도 만들었다면, 남는 것은 나를 브랜딩하는 것이다. 나를 브랜딩하는 것에는 두 가지가 있는데, 하나는 사내 브랜딩이고, 또 하나는 시장에서의 브랜딩이다.

사내 브랜딩부터 이야기해보겠다. 사내 브랜딩을 하려면 나는 어떤 분야의 전문가다, 나는 어떤 일을 잘한다, 나는 어떤 분야에 관심이 많아서 어떤 활동을 하고 있다, 나는 직장 동료들과 잘 협력하면서 성과를 낸다 등등 나를 무엇으로 브랜딩할지 결정해야 한다. 회사에서 남들이 나를 어떻게 봐주면 좋겠는지 생각해보고, 그렇게 나를 브랜딩해나가는 것이다.

예를 들어 나를 '전문가'로 브랜딩하겠다고 하면 마케팅, 빅데이터, 재무, 프로세스 분석 등 업무상 필요한 여러 가지 일에 대한 전문가로서 브랜딩하는 방법이 있다. 혹은 아프리카, 아랍 등 특정 지역에 대한 풍부한 지식을 갖고 있는 사람으로 브랜딩할 수도 있다. 조직 내에서는 협업을 아주 잘하는 직원, 혹은 혁신적인 아이디어가 많은 직원, 혹은 외부 네트워크가 아주 넓은 직원 등 다양한 형태의 브랜딩이 가능하다. 중요한 것은 어떤 형태로 본인을 브랜딩하기 원하는지를 정하고 그것을 늘 신경 쓰면서 회사 생활을 해야 한다는 것이다. 그 사람 하면 딱 떠오르는 이미지가 존재해야 한다는 말이다. '김대리, 아 그 친구 일 잘하지.' 이것도 좋은 브랜딩이지만, '김대리 그 친구는 SNS 마케팅에 대해서는 모르는 게 없어'라든가 '박대리는 아프리카에 대해서는 누구보다 많이 알아' 이런 이미지 브랜딩이 필요하다는 것이다.

또 하나는 시장에서의 브랜딩이다. 시장 내 네트워크를 통해 자기브랜딩을 하는 것이다. 내 일과 관련된 외부 사람들과 모여서 논의를 하든 정보를 교환하든, 강력한 네트워크를 만드는 것은 나를 시장에서 브랜딩하고 나의 실력을 키우는 중요한 방법이다. 느슨한 연대가 취업에 가장 좋은 끈이라고 말한 헤드헌팅 전문가가 있다. 아주 친밀한 관계에서는 누굴 소개하기 부담스럽지만 느슨한 관계에서는 사람을 추천하기 쉽다는 것이다. 당신이 시장에서 브랜딩되는 것은 당신이 직업을 평생 갖고 살 수 있는 아주 중요한 무기가 된다. 물론 한 회사에서 성장해 임원이 되고 사장이 되는 것도 아주 좋은 일이다. 하지만 내가 다니던 회사에 IMF나 금융위기 같은 쓰나미가 몰려오면 어떻게 될지 아무도 모른다. 그렇기 때문에 시장에서의 네트워크는 나의 직업의 안정성을 도모하는 안전판이 되기도 한다. 영국 심리학자 리처드 와이즈먼은 《행운의 법칙》이라는 책에서 네트워킹을 잘하는 사람이 직장도 잘 구하고 결혼도 잘한다고 했다. 많은 사람을 만나는 경험을 통해 평생의 배우자도 잘 고를 수 있다는 것이다.

이렇게 나 자신이 브랜딩될 때 나는 어디서나 필요한 사람이 되고, 회사 안에서뿐만 아니라 회사 밖에서도 더 많은 성장 기회가 올 가능성이 높다. 과거 빅데이터 프로젝트 팀을 만들 때 직원들을 선발하면서 '당신들은 보험 회사에서는 성장에 한계가 있을지도 모른다. 하지만 시장에서는 인정받을 가능성이 높다. 시장을 바라보고 일을 열심히 하라'고 이야기한 적이 있었다. 외부 사람들과 자주 만나서 배우고 듣고 네트워킹을 강화해서 회사 업무에 적용하라고 자주 이야기했다. 당시 내가 다니던 회사가 신생 조직이라 직원들이 회사에서 배울 사람이 없었기에 생각해낸 고육지책이었다. 5~6년 지나고 보니 이 팀의 직원 전원이 이름만 이야기하면 다 알 만한 회사에 아주 좋은 조건으로 이직을 했다. 비록 회사에는 가슴 아픈 일이지만 개인을 위해서는 박수쳐줄 일이다. 회사 안에서 인정받는 것은 쉽지도 않고 기회도 적지만, 넓은 시장에서 인정받는 것은 쉽고 기회도 많다는 사실을 직시할 필요가 있다. 자신의 가치를 높이는 일은 회사 내에서만 가능한 것이 아님을 기억하자.

직장 동료는 우정을 나누는 친구가 될 수 있을까

회사는 일을 하기 위해 만들어진 조직이고, 대부분의 시간에 일을 한다. '일'이라는 목적을 위해 존재하는 조직에서 '친구'라는 사적인 영역을 만드는 것은 바람직한 일일까? 하지만 가장 오랜 시간을 같이 보내고 집안의 대소사도 가장 먼저 아는 사람이 회사 직원인데 멋진 우정을 나눌 선후배는 있어야 하는 것 아닌가? 하는 생각이 들 수 있다.

　결론부터 말하면, 동료는 있지만 친구는 없는 것이 회사 생활을 편하게 할 수 있는 방법이다(편하게 할 수 있다는 말이지, 우정을 나누는 친구가 있어서는 안 된다는 말이 아니다). 과거 A라는 프로젝트를 기획한 적이 있다. 이 프로젝트에 대해 여러 부서에서 반대했지만 나는 이 프로젝트를 꼭 해야 한다고 생각했다. 사장님을 모시고 PT를 하던 날 사장님이 부정적인 의견을 보이면서 다른 팀장의 의견을 물었다. 대부분 말을 안 하고 있자 나랑 가장 친하다고 생각한 팀장에게 의견을 물었다. 나는 속으로 다행이라고 생각했고 긍정적인 피드백을 줄 것으로 기대했다. 하지만 그는 부정적으로 이야기했고 결국 나의 프로젝트는 보류되었다. 자리로 돌아와서 너무 화가 났다. 나의 절친인 동료가 어떻게 그렇게 말할 수 있을까. 오랜 시간이 흐른 후 그 팀장에게 그날 왜 그랬느냐고 물었다. 그의 대답은, "뭐 그냥. 전반적으로 반대의 분위기였기도 하고. 그 프로젝트가 필요한지도 모르겠고⋯⋯" 당시 나는 회사 일에 개인적 감정을 이입한 것이다. 일과 우정을 구분해야 했는데 이것이 회사 내에 혼재되어 있었다. 인간은 자체가 불안정한 존재라서 일과 우정을 구분해서 논리적으로 정리하기는 힘들다. 그래서 나는 회사 일을 편하게 하려면 우정을 만들지 않는 것이 좋다고 말하는 것이다.

또 다른 경우도 있다. 나와 친한 동료이기도 한 A후배는 B선배와 한 부서에서 오래 같이 근무했다. A후배와 B선배는 근무할 때 아주 친해져서 가족끼리 여행도 다니고 밖에서 자주 만나기도 했다. 회사를 떠나면 친한 형 동생 사이였다. 두 사람은 몇 년 후 각자 다른 부서로 옮겨서 일하게 되었다. 다시 몇 년이 지난 후 B선배는 팀장으로 승진했고, A후배는 B선배 밑에서 일하게 되었다. 그해 인사에서 승진 대상이었던 A후배는 당연히 진급이 될 줄 알았지만 누락되었다. A후배는 B선배에게 배신감을 느낀다면서 나에게 소주 한잔 하자고 했다. 술에 취하자 "자기가 그동안 어떻게 모셨는데"라면서 서운한 감정을 지우지 못했다. 지인들끼리 공과 사는 구분해야 하니 네가 이해해야 한다고 조언했지만 그일 이후 A후배는 결국 다른 부서로 옮겼다. 이유를 물으니 이해는 하지만 가슴에 응어리가 지워지지 않아서라고 이야기했다. 이런 경험을 하면서 회사 생활을 조금 더 편하게 하는 방법은 회사 동료는 동료로서 지내고 친구는 외부에서 만드는 것이 합리적이라는 생각을 하게 되었다.

이런 여러 가지 이유로 나는 회사에 친구나 선후배라는 개념을 두지 않기로 했다. 회사에는 동료가 있을 뿐이지 친구나 선후배란 감정을 갖고 들어오지 않기로 했다. 솔직히 동료나 선후배도 엄밀하게 말하면 또 다른 경쟁 상대이기도 하다. 그래서 회사에서는 동료가 있을 뿐이지 친구나 선후배라는 개념을 끌고 들어오면 안 된다. 끌고 들어오는 경우 서로에게 마음의 상처를 입힐 수 있다.

회사는 일을 하는 조직이라는 것을 잊어서는 안 된다. 즉 일이 먼저이지 인간관계가 먼저는 아니다. 나의 평안을 위해서는 동료 정도가 가장 바람직하다. 친구는 밖에서 만들면 된다. 친구 간의 우정에 대해 《살아보니 지능》이란 책에서 이권우 작가가 말한 내용을 생각해볼 필요가 있다. "우리의 우정이 지켜질 수 있었던 건 최소주의? 이게 아주 큰 미덕이에요. 우리는 항상 관계에 있어서 최대주의를 기대하죠. 그런데 서로 기대가 과도하면 그 관계를 지속하기 어려워요."

자기의 적성과 재능을 잘 파악해서 회사든 장사든 사업이든 그에 걸맞는 일을 할 것, 그리고 그 일에 대한 강한 자부심을 가질 것, 이 2개의 요소가 결합되면 회사에서든 사회에서든 능력 있는 사람으로 인정받게 된다는 점을 기억해야 한다.

능력 있는 사람은 타고나는 것이 아니라 적합한 환경에 내가 있을 때 만들어진다는 사실을 잊지 말아야 한다. 이것이 적자생존의 본래 의미이다. 다윈에 의하면 기린은 원래 목이 짧은 기린, 긴 기린 등 여러 종류의 기린이 존재하다가, 높은 데 있는 먹이를 더 잘 따먹은 목이 긴 기린이 생존에 유리해서 자연선택natural selection 덕분에 살아남아 지금 다수의 종으로 존재한다는 것이다. 목이 짧은 기린이 노력을 안

해서 없어진 것이 아니다. 만약 기린이 땅에 있는 풀을 뜯어먹는 종이었으면 목이 긴 기린이 없어졌을 것이다.

마지막으로 책은 나의 평생의 친구라는 점도 기억해주시기 바란다.

한 길만 가지 않는 인생도 있어요.
실패해도 하고 싶은 것을 해봐야 합니다.
실패 속에서 배우는 게 있습니다.
하지만 커리어 의사결정을 현명하게 해야 하는
결정적 순간이 분명히 있습니다.

이직

하고 싶은 순간에 하는 것이 아니라 필요한 시점에 하는 것

이문진

연세대 경영학과 졸업
서울대 경영학과 대학원 졸업
글로벌 컨설팅 및 IT 기업 임원(PwC, IBM, Oracle)
前) SK C&C 부사장
국내 최초 인공지능 사업 담당 임원

이직의 서막

광고 회사의 마케팅 기획 업무를 시작으로 약 30년 동안 비교적 다양한 산업 및 기업에서 근무해보았다. 국내 회사와 외국 회사에서 각각 15년씩 일했다. 대학 및 대학원에서 경영학을 전공하고 졸업 후 경영컨설턴트가 되고 싶었는데, 당시에는 컨설팅 회사가 국내에 진출하지 않던 시절이라 광고 회사의 마케팅 기획 분야에서 직장 생활을 시작했다. 직장 생활을 시작하던 즈음에는 컴퓨터가 생소한 시기였고, 해외 여행이나 외국 기업은 쉽게 접하기 힘든 시절이었다. IT와는 무관한 광고쟁이로 직장 생활을 시작한 나는 이후 회계법인, 컨설팅 회사, IT 회사 등 여러 분야에서 일하게 되었고, 그중에서도 20년 이상을 나와는 전혀 어울리지 않는 듯했던 IT 업계에서 보냈다. 직장 생활 30년 동안 때로는 나의 의지로, 때로는 알 수 없는 힘에 이끌려 다니며 보낸 것 같다. 직장 생활의 첫 3년은 군대처럼 길게 느껴졌는데, 지나고 보니 30년이 참 순식간에 지나갔다.

최근에 어떤 헤드헌터가 SNS에 남긴 짤막한 글이 생각난다. 헤드헌팅 업계에서 일하며 다양한 지원자의 이력서를 접하게 되는데, 지원자의 이력서를 전체적으로 보았을 때 '맥락'이 느껴져야 좋은 이력서라고 한다. 본인만의 핵심적인 산업 혹은 업무 경력이 있고, 이러한 경력을 완성하기 위해 직장을 옮겨 다닌 자신만의 스토리가 있어야 좋은 이력서가 완성된다고 한다. 우리는 언제부터, 어떻게 우리 이력서의 헤드라인과 스토리를 채워나가야 할까? 쉽지 않은 질문이다. 직장 생활을 처음 시작할 때 우리는 우리가 무엇을 좋아하고 무엇을 하고 싶은지를 잘 모르는 경우가 많다. 또 어떤 회사에 가고 싶다고, 혹은 무슨 일을 하고 싶다고 하더라도 기회가 매번 주어지는 것은 아니다. 게다가 우리는 현재 하고 있는 일이 미래에도 존재할지, 현재 일하는 산업군이 10년 후에 어떻게 변할지 아무도 알 수 없는 세상에 살고 있다. 본인만의 경력 '헤드라인' 혹은 '스토리'를 만들기 위해서는 직장 초년병 시절 좋아하는 일이 무엇인지, 하고 싶은 일이 무엇인지, 잘할 수 있는 일이 무엇인지를 빨리 찾아내는 것이 중요하다.

"대학교 다닐 때 전공 공부 이외에 주로 뭘 했어요?" 대학원 졸업 후 생애 처음으로 본 광고 회사 입사 면접에서 인터뷰를 맡은 팀장님이 나에게 물었다. "세계 여러 나라의 춤과 노래 그리고 젊은이들의 놀이 문화를 연구했습니다. 민주화 시대가 오면 젊은이들이 놀거리가 필요할 것 같아서요." 나의 답변이 뭔가 평범하지 않다고 생각했는지 처음 본 인터뷰에 운 좋게 합격하여 광고 회사에서 첫 직장 생활을 시작했다.

광고 회사 입사 후 1~2년은 신입 사원으로 정신없이 보냈다. 첫 월급이 100만 원도 채 안 되었지만, 한 달에 한 번 돌아오는 월급 날이 참 길게 느껴지던 시절이었다. 신입 사원 때라 일주일 중 절반 이상은 야근이었다. 당시에는 프린터 성능이 좋지 않아서 선배들이 밤늦게까지 프레젠테이션 자료를 만들면 신입 사원들이 마무리 인쇄, 제본 작업을 처리하느라 12시가 넘어서 퇴근한 적도 많았다. 하지만 그 시절을 돌이켜보면 참 좋았던 기억도 많다. 배우는 것도 많았고, 선배들이 맛있는 저녁도 많이 사주었고, 또 월급을 모아서 작은 차도 사고, 무엇이든 할 수 있을 것 같던 시절이었다. 20대에 3년 남짓 다닌 첫 직장이었지만 정말 즐거웠고 행복했던, 그리고 많은 것을 배웠던 기간이었다.

직장 생활 3년 차의 고민

직장인들에게 신입 사원으로서 입사 후 3년 정도가 지나면 다양한 생각과 고민들이 생기기 시작한다. 고질적인 '3년병'이 나에게도 찾아왔다. 정말 가고 싶은 회사에서, 하고 싶은 분야에서 일을 시작했는데도 3년 차가 되면서부터 문득 이런 생각들이 꼬리에 꼬리를 물기 시작했다. '내가 정말 좋아하는 것과 하고 싶은 일은 무엇일까? 향후 20년 후에 나는 무슨 일을 하고 있고 어떤 사람이 되어 있을까?' 이런 고민이 시작될 무렵에는 입사 3년 차의 시계도 참 늦게 움직였던 것 같다. 20대 후반의 그 시절을 돌이켜보면 군대의 병장 말기처럼 익숙함 뒤에 오는 지루함과 미래에 대한 불확실성으로 고민했던 그런 시절이었다.

자유로운 해외 여행이 쉽지 않던 시절이라 학창 시절에는 해외 여행 혹은 배낭 여행을 갈 기회가 거의 없었다. 회사에서 휴가를 내서 친구가 살고 있는 호주로 생애 처음 일주일간의 해외 여행을 떠났다. 처음 떠난 해외 여행에서 본 파란 하늘과 멋진 해변, 동물원에서 먹이를 주는 직원의 여유로운 모습, 존경받는 직업이 아닌데도 자기 직업에 만족하며 즐겁게 일하는 사람들이 무척 행복해 보였다. 내가 지금 일하고 있는 모습과는 너무나 대조적인 모습에 순간 많이 흔들렸다. '일과 직장의 균형work and life balance'이라는 개념이 없던 시절이어서 야근을 밥 먹듯이 하고, 기억하기에는 토요일까지 주6일 근무했기에 상대적으로 그 모습이 무척 부러웠다. 난생처음 해외 여행으로 간 호주에서 한국으로 돌아오는 비행기 안에서 문득 이런 생각이 들었다. '외국에서 한번 살아볼까? 해외에서 젊을 때 한번 일해보면 어떨까?' 요즘 20~30대에게는 흔한 경험이겠지만, 90년대까지만 해도 외국에서 일을 하거나 살아볼 수 있는 경험이 그리 흔치 않던 시절이었다.

지구 반대편으로 떠나기

나의 대학 시절은 캠퍼스에 최루탄이 난무하고, 교내에 경찰이 돌아다니던 시절이었다. 나는 그 시절의 교정 분위기와 전혀 어울리지 않던 '자유로운 영혼'의 친구를 우연히 만나게 되었다. 어린 시절 미국으로 유학을 가서 교환학생으로 1년 정도 한국에 온 친구인데, 당시에 남자들은 좀처럼 하지 않던 귀걸이를 하고 색깔이 다른 짝짝이 양말과 신발을 신고 다녔다.

당시에는 좀처럼 받아들이기 쉽지 않던 스타일의 친구였지만 우리는 그해 친구가 되었다. 한두 학기를 같이 보내고 친구는 미국으로 돌아갔다. 그리고 몇 년 후 호주로 건너가 로스쿨을 졸업하고 변호사가 되었다. 처음 가는 일주일 동안의 해외 여행지로 호주는 꽤 먼 거리였지만, 이 친구를 만나러 호주로 가게 되었다. 여행에서 돌아온 이듬해에 나는 이 친구를 통해 호주에 있는 회계법인에서 일할 기회를 제안받았다.

취업 제안을 받고 한참 동안 고민했던 것으로 기억한다. '해외에 처음 가본 내가 가족과 친구들을 두고 외국에서 잘 지낼 수 있을까?' 한 달 정도의 고민 끝에 한번 가보기로 결정했다. 지구 반대편에 어떤 세상, 어떤 사람들이 나를 기다리고 있을지 도전해보기로 했다. 호주로 떠나기 한 달 전부터 잠이 잘 오지 않았다. 지구 반대편에서 펼쳐질 새로운 나의 삶이 기대도 되고 걱정도 많이 되었다.

10시간의 비행 끝에 호주 퀸즈랜드 주의 브리스베인 공항에 도착했다. 공항에 마중 나온 친구와 함께 차를 1시간 정도 달려 호주의 세계적인 휴양 도시 골드코스트에 도착했다. 친구가 소개해주어 해변가 메인 비치 지역에 있는 'Aloha Lane'이라는 이름의 4층짜리 아파트에 보금자리를 마련했다. 도착 첫날 밤 파도 소리에 뒤척이다 겨우 잠을 청했다. 태평양으로 이어진 50킬로미터의 멋진 해변을 보며 나는 매일 아침 출근 길에 다짐했다. 여기서 새로운 행복한 나의 30대를 만들어보겠노라고. 그 당시 내가 생각했던 행복은 그리 거창한 것이 아니었다. 지금은 당연하게 여기는 것일 수도 있지만, 일과 후 가족과 함께 시간을 보내는 것, 즐겁게 일하면서 소소한 일상에 만족하는 것, 이것이 그 당시 내가 생각한 행복의 정의였다. 그렇게 다짐하며 호주에서의 새로운 생활이 시작되었고, 친구 가족의 자상한 도움으로 처음 살아보는 타지에서의 생활은 생각보다 순조롭게 흘러갔다.

골드코스트가 위치한 퀸즈랜드 주는 호주에서 외국 여행자들의 방문이 가장 많은 지역 중 하나였고, 풍부한 천연자원과 관광자원으로 호주 내에서도 외국 기업들의 관심이 높은 지역이었다. 또한 90년대에 들어서면서 한국 및 아시아 관광객의 여행과 기업들의 호주 현지 투자가 본격적으로 시작되는 시점이었다. 한국의 건설 회사, 자원개발 회사들도 이 지역의 부동산, 골프장, 광산 등에 대규모로 투자하면서 내가 다녔던 회계법인에서도 이러한 현지 투자와 관련된 다양한 사업 기회가 생기기 시작했다. 당시에는 퀸즈랜드 지역에서 회계법인에 근무하는 한국 회계사가 나뿐이어서 이러한 사업 기회들이 나를 성장시키고 키워줄 수 있을 것으로 생각되었다. 나름대로 희망적인 출발이었다. 회사를 다니면서 현지 호주 공인회계사 자격증 취득을 위해 시간을 쪼개어 대학원에 다니기 시작했다. 호주에서 회계법인에 다니는 것이 궁극적인 목표는 아니었고, 미래의 여러 가지 변화를 대비하기 위한 과정의 일환이었다. 30대 초반에 새로운 나라에서 새로운 인생이, 행복한 인생이 펼쳐지는 듯했다. 친구들과 가족들을 두고 혼자 해외에서 생활하느라 약간 향수병도 있었지만 가슴 벅찬 도전의 시간이었다.

단기 여행자가 아닌 생활인의 삶

호주에 정착한 지 6개월 정도가 지나면서 맑은 공기, 파란 하늘, 아름다운 해변은 점점 익숙해져갔다. 더 이상 아침저녁으로 해변을 찾지 않았고, 단기 여행자가 아닌 생활인로서의 삶이 서서히 진행되고 있었다. 그러던 어느 날, 아시아 경제 전반에 IMF라는 듣지도 보지도 못한 경제위기가 닥쳐왔다. 외국에 있는데 IMF가 무슨 상관이냐고 생각할 수도 있겠지만, 외국에서 한국과 관련된 사업이나 업무를 하던 사람들에게는 한국에서 느끼는 것보다 열 배 이상의 충격으로 다가왔던 것 같다. 경험하지 못한 내 인생 최대의 위기였다. 여기서 인생이 무너지는 듯한 불안감에 많이 무서웠다.

당시 골드코스트가 있는 브리즈베인 지역에는 한국 현지 여행사가 100개 정도 있었는데 IMF 이후 1년도 채 안 되어 대부분의 여행사가 문을 닫았다. 현지에서 가이드로 일하던 유학생들은 대부분 한국으로 돌아갔고, 현지 교포들이 운영하던 식당, 양털농장, 선물 가게들이 줄줄이 문을 닫았다. 우리 모두에게 참 힘든 시기였다. 한국에서도 외국에서도 누구에게나 힘든 시기였다. 대학 진학, 광고 회사 취업, 호주로 이직하기까지 비교적 실패 없이 평탄하게 달려왔던 나에게는 한 번도 경험하지 못한 힘든 시간이었다. 골드코스트에 같이 있던 친구는 IMF 이후 홍콩의 법률 회사로 떠나고 나는 혼자 남았다. 고객들은 계획 중이던 투자 사업을 포기하기 시작했고, 회사는 더 이상 나에게 관심을 갖지 않는 듯했다. 현지 직원들이 하던 회계, 세무 관련 업무를 나도 똑같이 하면서 어려운 시기를 버텼다. 생각보다 IMF 경제위기의 후유증은 길었고 고통스러웠다.

가지 않은 길 vs. 가보고 돌아온 길

새로운 밀레니엄 시대가 다가오고 있던 20세기의 마지막 겨울, 서른두 살에 나는 다시 한국으로 돌아왔다. 호주에서 생활한 기간이 길지는 않았지만 외국에서 생활한다는 것이, 외국에서 일을 한다는 것이 어떤 것인지를 느끼기엔 충분한 시간이었다. 태어나서 처음 가본 해외 여행지에서 여행자의 눈에 비친 삶의 모습과, 실제로 살면서 느끼는 삶의 차이를 깨달은 소중한 시간이었다. 처음 6개월간은 아침저녁 출퇴근 길에 태평양을 바라보며 나의 장밋빛 미래를 그렸지만, 그 이후 대부분의 시간은 처음 느껴본 좌절감과 외로움 속에서 보냈다.

이직

짧은 기간이었지만 작은 실패의 과정에서 소중한 것을 많이 배웠다. 책상에서 보고서만 만들며, 나와 비슷한 사람들 속에서 소극적으로만 지내던 나에게는 힘들었지만 삶의 많은 변화가 있었다. 주위 사람들과 함께 살아가는 것이 얼마나 필요한지, 필요할 때 나를 낮추고 손을 내밀 수 있는 용기가 얼마나 중요한지를 배웠다. 이러한 고민의 시간은 향후 나의 생각을 변화시키고, 나의 행동을 변화시키고, 나의 삶과 미래를 변화시켰다.

IMF라는 경제위기를 겪으면서 90년대 말 글로벌 컨설팅 업체들이 한국 시장으로 진입해오고 있었다. 대기업들의 매각 및 구조조정 등으로 경제위기는 글로벌 컨설팅 업체들에게는 또 하나의 기회였던 것이다. 나는 한국에 돌아와서 컨설팅 회사에 입사해 경영컨설턴트가 되었고, 그 이후로 한두 번의 이직이라는 변화 과정을 거쳐 40대 중반의 꽤 이른 나이에 국내 IT 대기업에서 영업 담당 임원이 되었다. IT 업계에서 임원이, 그것도 영업 담당 임원이 될 줄은 꿈에도 몰랐다. 그것이 내 경력의 '헤드라인'이 될 줄은 정말 몰랐다. 광고 회사에서 회계법인으로, 컨설팅 회사로, 또 IT 회사로 옮겨 다닌 경력을 보면 맥락이 없어 보일 수도 있지만, 자세히 들여다보면 나만의 엄청난 스토리가 숨어 있다.

20~30대에는 길을 한 번 돌아가도, 넘어져도 괜찮다. 내가 뭘 원하

느지, 무엇을 하고 싶은지, 어디로 가야 하는지를 빨리 깨닫기 위해서라도. 이때 잠시 돌아가더라도 소중한 경험과 시간은 남은 인생을 단단하게 만들어줄 것이다. 40대에 돌아가지 않기 위한 소중한 시간이었다.

고등학교 시절 배웠던 프로스트의 〈가지 않은 길〉[1]이라는 시가 기억이 난다.

노란 숲속에 두갈래 길 나 있어,
나는 둘 다 가지 못하고
하나의 길만 걷는 것 아쉬워
수풀 속으로 굽어 사라지는 길 하나
멀리멀리 한참 서서 바라보았지.

(중략)

지금부터 오래오래 후 어디에선가
나는 한숨지으며 이렇게 말하겠지.
숲속에 두갈래 길 나 있었다고, 그리고 나는—
나는 사람들이 덜 지난 길 택하였고

---

1 《가지 않은 길》, 로버트 프로스트, 손혜숙, 창비, 2014

그로 인해 모든 것이 달라졌노라고.

———

광고 기획자에서 경영컨설턴트로

모든 것들이 너무 빨리 변하는 시대에 우리는 살고 있다. 미국의 대표적인 기업인 아마존의 창업자인 제프 베조스는 "아무리 성공적인 기업들이라 하더라도 30년을 계속 버티는 기업이 많지 않다"고 말한다. 기술이 변하고, 이 기술로 인해 사람들의 생각과 생활 방식이 변한다. 상품이나 서비스의 구매와 소비 패턴이 변한다. 더 이상 한 분야에서, 한 회사에서 평생 동안 계속 근무하는 것은 경쟁력이 없는 시대가 되었다. 새로운 시대가 필요로 하는 새로운 기술, 새로운 산업, 새로운 변화에 올라타야 한다.

내가 경영컨설턴트로 일한 곳은 호주에서 근무했던 PwC라는 회사의 한국 법인이었다. 호주에 가기 전 대기업 광고 회사에서 했던 업무가 주로 마케팅 전략, 고객 분석 등이었는데 2000년대 초 '고객관계경영Customer Relationship Management'(CRM)이라는 분야가 새로운 경영의 트렌드로 자리 잡기 시작하던 시절이었다. 나는 대학원에서 전공한 마케팅 지식과, 광고 회사에서 근무했던 경험을 활용하여 CRM 분야의 경영컨설턴트로 변신하였다. 글로벌 컨설팅 회사의 컨설팅 방법론과 지식 데이터베이스를 검색하고, 동종 선진 산업의 고객을 대상으로 한 컨설팅 산출물을 공부하여 국내 고객들을 대상으로 컨설팅 프로젝트를 진행하였다. 주로 통신사와 금융 기관을 대상으로 CRM 컨설팅이라는 조금은 생소하지만 새로운 분야의 프로젝트를 진행하며 컨설턴트로서의 경험을 점점 쌓아나가기 시작했다. 일하는 분위기도 다르고 회사의 문화나 직원들 간의 소통 방식도 국내 및 호주 회사와는 다른 새로운 느낌이었다. 그러다 입사한 지 2~3년 정도 지난 시점에 내가 다니던 컨설팅 회사가 IBM이라는 미국계 IT 회사에 팔리게 되었다. 나는 나의 의지와 무관하게 IT 업계에 입문하게 되었다.

생전 처음 IT 업계에서 일을 시작하면서, 나는 광고 회사와 컨설팅 회사, 그리고 회계법인에서 쌓은 경험들을 활용하여 할 수 있는 새로운 일을 찾아보았다. IT도 잘 모르고 프로그래밍을 해본 경험도 없는 비전공자로서 IT 회사에서 적응하는 것이 쉽지는 않았지만 길이 있을 거라고 믿었다. 그 당시 IBM이라는 회사는 급격히 변화하고 있었다. 1960년대 후반 외국 기업으로는 최초로 한국에 들어와서 대형 컴퓨터, 하드웨어, 소프트웨어 등을 독점적으로 판매하던 IT 공룡 기업이 서비스 회사로 변신하고자 하던 시기였다. PwC라는 컨설팅 회사를 인수한 것도 이러한 회사의 새로운 전략의 일환이었는데, 당시

IBM은 'IT 아웃소싱'이라는 분야를 차세대 성장 산업으로 판단하고 사업적으로 가장 높은 우선순위에 두었다. 나는 아웃소싱 사업개발 전문가가 되어보기로 했다. 또 한 번 회사의 변화에 몸을 실어보기로 했다.

경영컨설턴트에서 IT 사업개발 전문가로

모든 회사가 비슷하겠지만 IT 회사에도 여러 가지 직군이 있고, 다양한 전공과 배경을 가진 사람들이 있었다. 문과 출신들이 주로 하는 기획, 재무, 인사 등 경영관리 및 지원 업무도 있고, 전산학과나 공대 출신들이 주로 하는 IT 개발 및 운영 업무, 그리고 전공과는 비교적 무관하게 할 수 있는 세일즈나 프리세일즈pre-sales, 사업개발, 마케팅 등 다양한 업무와 직군이 있었다. 나는 광고 회사와 컨설팅 회사에서 쌓은 경험을 토대로 아웃소싱 사업의 사업개발 전문가로 경력을 전환하였다. 대기업 CEO, CFO, CIO들을 대상으로 아웃소싱이라는 전략적인 파트너십을 제안하고, 타당성 검토를 위한 컨설팅을 수행하고, 장기적인 계약을 맺는 업무였는데, 비교적 이전의 입무 지식과 배경이 도움이 많이 되었다. 이 분야의 업무를 하며 IT 분야에서의 경력을 확장해나갔다. 이 업무는 IT 분야에서 전반적인 지식과 경험을 쌓아갈 수 있는 좋은 기회였고, 나는 다양한 산업군에서 의미 있는 대규모 사업들을 만들어내는 성과를 내기 시작했다.

그러던 중 기회가 생겨 국내 대기업 IT 회사로 옮겼다. 당시 삼성, LG, SK 등 대기업 IT 회사들은 그룹 계열사의 IT 시스템 개발 및 운영을 중심으로 사업을 진행해오다가, 그룹 계열사 외부로 막 시장을 확대하기 시작했다. 나는 IBM에서 쌓았던 지식과 경험을 토대로 새로운 회사에서 새로운 성공의 경험을 계속 만들어냈다. 고객도 늘어나고 성과를 내게 되면서 맡은 업무가 점점 확대되었다. 40대 중반에 외부인으로 입사한 지 4년 만에 그룹 임원이 되었다. IT 회사에 발을 들인 지 10년 만에 국내 대기업 IT 회사에서 IT 영업을 총괄하는 임원이 되었다.

IT 업계에서의 나의 변신은 계속되었다. 10년 전부터 국내 IT 기업에서는 미래의 먹거리를 준비하기 위해 디지털 기술 및 신사업에 대한 관심이 높아졌고, 회사에서는 이러한 준비를 할 사람이 필요했다. 인공지능, 클라우드, 빅데이터, 블록체인 등 새로운 기술을 도입하여 회사의 성장과 수익성을 확보하고 다가오는 불확실한 미래를 대비하기 시작하던 시기였다. 나는 또다시 인공지능 전문가로 변하기로 했다.

이직

돌아보면 지난 30년의 직장 생활은 내가 선택했던 순간들도 있지만, 회사나 시장의 변화에 이끌려 간 순간들도 있었다. 특히 인공지능 같은 디지털 기술의 발달로 모든 산업에서 경계가 허물어지고, 여러 직업들이 인공지능으로 대체되는 변화무쌍한 세상에 살고 있는 우리는 시장의 흐름과 회사의 전략적 변화에 같이 올라타야 한다. 회사와 시장이 나아가고자 하는 방향으로 몸을 던져야 한다. 미래는 알 수 없지만 변화하는 사람이 승리하는 세상이다. 변하지 않고는 버틸 수 없는 세상이다.

10년에 한 번 정도는 이직해보자

개인적으로 30년 직장 생활 중 네 번 회사를 옮겼다. 두 번은 자발적으로, 두 번은 나의 의지와 상관없이. 직장 생활을 시작했던 90년대 초만 해도, 학교를 졸업하고 한 번 회사에 들어가면 특별한 변수가 없는 한 그 회사에서 평생 근무하는 것이 당연시되었다. 좋든 싫든 한 회사에 계속 다니는 것이 여러 회사를 옮겨 다니는 것보다 승진도 잘 되고 성공의 확률도 높았다. IMF 등 몇 번의 경제위기를 거치면서 에

전처럼 한 회사가 평생 직장이던 시대는 이제 지나갔다. 물론 주변의 친구들 중에 한 회사를 30년 혹은 그 이상 다니고 퇴직한 친구들도 있지만, 이렇게 '한 우물'을 파는 장기근속이 미덕이던 시대는 갔다. 그렇게 오랜 경력을 갖고 있는 사람들은 이제 특별한 직종이나 특수한 산업에서가 아니면 보기가 쉽지 않다.

대기업에서 임원으로 재직하다보면 직원들의 학력, 경력이 포함된 인사 서류들을 보게 된다. 명문대를 졸업하지 않고 짧은 경력에 일찍 팀장으로 승진한 직원들도 있는 반면, 명문대를 졸업하고 좋은 직장들만 골라 다녔는데 40대 후반에 평직원인 친구들도 있다. '링크드인 Linkedin' 같은 SNS상에서도 마찬가지다. 길지 않은 직장 경력인데 상대적으로 높은 직위에 있는 지인들도 있고, 그 반대의 경우도 많다. 물론 한 직장에서 대단한 성과를 내서 높은 위치에 있는 사람들도 있지만, 대부분의 경우 그들의 공통적인 특징은 회사를 잘 옮겨 다녔다는 것이다.

회사도 옮겨봐야 어디가 좋은 회사인지, 어떤 회사가 내게 맞는 회사인지 알 수 있다. 어느 정도 규모의 회사가 나에게 맞는지, 어떤 업종이나 직종에서 최고의 성과를 낼 수 있는지, 국내 기업 혹은 외국 기업 중 어떤 곳에서 더 잘 적응할 수 있는지, 다녀보지 않고는 알 수가 없다.

이직

20대 후반에 입사해서 30년 정도 직장 생활을 한다고 본다면, 10년에 한 번 정도는 이직을 생각해볼 필요가 있다. 그 첫 번째 이직 시기는 아마 직장 생활을 시작한 지 3년 전후일 듯하다. 회사를 3년 정도 다녀보면 감이 온다. 이 회사를 계속 다니는 게 맞는지, 현재 하고 있는 업무가 적성에 맞는지, 현재 종사하는 업종에서 계속 일하는 게 맞는지. 변화가 필요하다면 실행해야 한다. 아니다 싶으면 빨리 움직이는 게 좋다. 이 시점에는 회사를 옮기는 것도 중요하지만, 같은 업종에서 다른 업무를 해보거나 업종을 바꿔 다양한 산업에서 경험을 쌓아보는 것도 좋다. 세 번 정도 회사를 옮긴다고 생각해보면 30대 초반은 이직을 위한 '탐색의 시간'이다. 이 탐색의 시간을 잘 활용해야 한다. 넓은 초원을 달리며 내가 일하고 즐길 무대가 어디인지를 찾아보자. 실패하더라도 일찍 배우고 경험하는 것이 피가 되고 살이 된다.

　　40대에는 현재 다니고 있는 회사가 내가 가장 인정받고 즐겁게 일할 수 있는 회사인지, 성장할 수 있는 회사인지를 판단해볼 필요가 있다. 이 시기는 너무 많은 변화를 주려고 하기보다는 유사 업종 혹은 같은 분야에서 성과를 내어 인정받아야 하는 시기이다. 다니던 회사에서 성공적으로 잘 적응하는 사람도 있겠지만, 그렇지 않은 사람들은 이제라도 변화의 기회를 찾아야 한다. 현재 다니고 있는 직장에서 성과를 잘 내고 인정받고 있는 경우라도 한 번쯤은 이직을 생각해보아야 한다. 이 시기가 시장에서 본인의 가치를 가장 잘 인정해주는 시기이기 때문이다. 40대는 여러 가지로 변화에 대한 두려움이 생기는 시기이다. 하지만 필요하다면 가장 두려워하는 시기에 변해야 새로운 행복이나 성공을 이룰 수 있다.

50대엔 조심스럽게 은퇴 이후의 삶을 준비해보자. 예전에는 50대가 은퇴를 준비하던 시기였지만 요즘은 은퇴하기엔 50대는 너무 이르다. 가장 즐겁게 일할 수 있는, 은퇴 이후를 잘 준비할 수 있는 곳을 지속적으로 찾아봐야 한다. 잘나갈 때 준비해야 한다. 그러지 않으면 30년 직장 생활을 마치고 나서 아무것도 남은 것이 없는 자신을 발견하게 될 것이다. 30대는 탐색의 시기, 40대는 성장과 정착의 시기, 50대는 은퇴 이후의 삶을 준비하는 시기이다. 하고 있는 일이나 업종이 나에게 맞지 않다면 빨리 준비해서 빨리 회사를 옮겨봐야 한다.

———

이직하고 싶은 순간 vs. 이직이 필요한 순간

주변에 회사를 옮긴 선후배들을 만나보면 대부분 회사를 옮기는 첫 번째 이유가 사람과의 관계 때문이고, 두 번째 이유가 연봉이나 평가, 승진 등과 관련된 회사의 부당한 처우 때문이다. 개인적으로도 그랬지만, 우리는 대부분 이직이 필요한 순간이 아니라 이직하고 싶은 순간에 회사를 옮긴다. 위에 언급한 두 가지 이유로 회사를 옮기는 경우 성급하게 이직하는 경우가 많다. 회사의 팀장이나 상사가 힘들게 하거나 동료들이 꼴도 보기 싫어서 혹은 연봉 인상이나 승진이 안 되어서 옮기는 경우라도 이직의 시점을 잘 정해야 한다. 현재 업무 경력을 확장하거나 경력 포트폴리오를 예쁘게 만들기 위해 최적의 타이밍을 찾는 것이 중요하다. 이직은 하고 싶은 순간에 하는 것이 아니라 필요한 시점에 하는 것이다.

경제학에서 말하는 수요와 공급의 법칙은 이직 시장에도 정확하게 적용된다. 옮기고 싶은 사람은 많지만 기업에서 수요가 적은 시점은 아무리 옮기고 싶어도 피해야 한다. 구조조정 등으로 정리해고되는 경우를 제외하고 자발적으로 이직하는 경우에는 이러한 시장 상황을 잘 고려해야 하는데 기회는 항상 위기 뒤에 찾아온다. 개인적으로 코로나19가 시작되기 직전에 다니던 회사를 그만두게 되었다. 전대미문의 팬데믹 상황에서 모든 기업이 긴축재정하에 신규 인력 채용을 줄이고 불확실한 미래에 대비하였다. 지인 소개를 통해 몇몇 헤드헌터를 만나서 이력서도 보내고 다방면으로 노력해보았지만 6개월 동안 연락 온 곳이 한 곳도 없었다. 최근에 그간 알고 지내던 헤드헌팅

회사의 임원을 만나서 이야기를 들어보니 코로나19가 막 끝난 2022
년이 헤드헌팅 회사들의 실적이 가장 좋았던 시절이었다고 한다. 경
제학에서 거시 경제의 사이클은 대주기가 10년, 중주기는 5년 정도
이다. 이직 시장에서도 짧게는 3~5년 주기로 수요와 공급의 무게추
가 급격히 변화한다. 이직하고 싶을 때 한 템포 쉬어가는 인내가 필요
하다. 이직 시장에서 필요한 수요보다 공급이 많을 때 좋은 연봉과 조
건, 새로운 경력 변화의 기회를 얻을 수는 없다. 이와는 반대로 수요
가 공급보다 많은 경우에는 적임자가 없으면 그와 비슷한 사람, 해보
겠다는 열정이 있는 사람을 찾을 수밖에 없다. 이때가 이직이 필요한
순간이다.

세컨드 무버가 되자

2000년 초반 국내에서 '닷컴기업' 열풍이 불던 시절이 있었다. 심
마니, 야후, 라이코스, 유니텔, 한게임, 넷마블 등 인터넷 기술에 기반
한 검색과 광고, 게임 관련 기업들이 대부분이었다. 당시 이러한 닷컴
기업들이 필요로 하는 전문 인력들은 대부분 광고 회사에서 기획과

마케팅 업무에 종사하던 30대 전후의 직원들로 채워졌다. 닷컴기업으로의 인력 이탈이 무서운 속도로 진행되었다. 광고 회사에서는 담당 임원들의 KPI(핵심평가지표)가 영업 실적이 아니라 부서원의 인력 이탈을 최소화하는 것이었다. 광고 회사의 마케팅, 기획 부서 인력의 절반 이상이 업계를 떠났다. 그러나 이때 떠난 사람 중 대부분이 3년 내에 다시 돌아왔다. 그리고 그 당시 창업했던 이른바 '닷컴기업'들 중에 아직까지 남아 있는 회사는 극소수이다. 그 시절에 새로운 닷컴의 미래를 꿈꾸던 사람은 현재 일부 창업자를 제외하고 거의 남아 있지 않다. 시장의 광풍이 한차례 지나가고 난 다음에 새로 자리를 옮겨 간 사람들이 현재 직장에 남아 있다.

산업화 시대와 달리 정보화 시대에는 시장 선점의 효과가 없다. 산업화 시대에는 시장 선점자의 이점이 대단했다. 먼저 시장에 진입하여 생산 설비에 투자하게 되면 규모의 경제와 학습 효과, 고객 선점 효과는 후발 주자가 감히 따라잡기가 쉽지 않은 진입장벽이 되었다. 하지만 정보화 사회는 다르다. 선점자의 이점이 크지 않다. 구글, 페이스북 등 검색과 소셜미디어에서 지배적인 위치에 있는 기업들도 이 분야의 선구자는 아니다. 이제는 너무 빠르지도, 너무 늦지도 않게 변화하는 세상에 옮겨 타는 것이 미덕인 시대가 된 것이다. 모바일과 소셜미디어가 하루가 다르게 세상을 바꾸어나가고, 새로운 기업들이 산업의 구조를 바꾸어나가는 세상이다. 불과 10년 전까지만 해도 상상하지 못한 새로운 기업들과 제품들이 시장에 등장하고 있다. 한 직장, 한 업종에 계속 있고 싶어도 있을 수 없는 세상이 되고 있다. 다양한 산업의 경험을 갖고 있는 미래융합형 인재가 회사의 운영과 발전에 필요하다. 새로운 기술이 현재 자신이 속한 산업의 경쟁력과 일하는 방식을 어떻게 변화시키는지 주목할 필요가 있다. 하지만 너무 빨리 달려가지는 말자. 디지털 세상은 세컨드 무버second mover가 살아남는 시장이다.

자기만의 스토리가 있어야 한다

국내 대기업 및 외국계 회사에서 임원으로 근무하며 수백 번 정도 다양한 인터뷰를 했다. 신입 사원이든 경력 사원이든, 기술직군이든 영업직군이든 입사를 위한 면접에서 가장 중요한 것은 자기만의 '스토리'가 있어야 한다는 것이다. 지원자 본인의 현재까지의 경험과 역량이 어떻게 지원하는 회사에 도움이 될 것인지를 스토리를 갖고 논리적으로 혹은 감성적으로 어필하는 것이 중요하다.

이직

기술 전문가들을 인터뷰하다보면, 이전의 직장에서 본인이 진행했던 업무 혹은 프로젝트의 기술적 깊이와 본인의 역할 등을 강조하는 경우가 대부분이다. 하지만 인터뷰에 참석한 면접관들은 인터뷰 지원자와 동일한 기술적 깊이와 관심도를 갖고 있지 않다. 너무 기술적으로 이야기하면 관심도가 떨어지거나, 간혹 참여한 면접관 중에 기술 분야 리더가 있다면 더 공격적인 질문을 받는 경우도 있다. 어떻게 얘기해야 할지 정답은 없다. 다만 이직하고자 하는 회사의 전략과 제품에 대한 이해를 바탕으로 본인의 경험을 어떤 영역에 어떻게 적용할 것인지를 듣는 사람의 눈높이에 맞게 얘기해야 한다. 자기 경험의 특수성에 기반한 이야기라면 더 흥미를 끌 수 있다. 면접관 입장에서 지원자가 기술적으로 깊이와 경험이 있다는 것을 판단하기는 상당히 어렵다. 자신의 기술적 깊이와 경험을 듣는 사람의 이해 수준에 맞춰 그들이 주로 쓰는 단어로 알기 쉽게 이야기해야 한다. 본인만이 경험한 스토리에 기반하여 얘기하면 더 효과적이다.

영업 전문가의 인터뷰도 마찬가지이다. 보통 영업직군의 경우 이전의 회사에서 고객과 좋은 영업적 관계를 유지하고 있고, 매년 혹은 매 분기 영업 목표를 초과 달성했다는 이야기를 주로 한다. 대부분 비슷비슷한 이야기이고 특별한 감흥이 없다. 그러나 이전 회사에서 영업을 하면서 배운 성공과 실패의 경험들을 예로 들고, 이러한 경험들을 바탕으로 새로 이직할 회사에서 어떤 고객군을 우선 대상으로 해서 어떤 활동을 계획하고 있는지를 얘기한다면 면접관의 관심을 더 끌 수 있다.

개인적으로, 회사를 옮기기 위해 혹은 고객과의 비즈니스 미팅을 위해 인터뷰를 자주 하곤 한다. 인터뷰를 하기 전에 가장 먼저 대상 회사의 최근 주요 전략과, 만날 대상들이 관심 있어할 아젠다를 리스트업한다. 그리고 이러한 전략과 아젠다를 내가 얼마나 이해하고 있고 어떤 생각을 갖고 있는지, 혹은 우리 회사의 상품이나 서비스가 이러한 문제 해결에 어떻게 도움이 될지를 이야기한다. 업계의 전문가도 아닌 처음 만나는 사람이 회사의 전략에 대해 이해하고 있고, 본인만의 의견을 갖고 해결 방안을 고민해보았다는 것은 상대방에게 설득력이 있을 것이다.

이직의 조건: 기획자로 일해보기

10년 전, 어느 날 갑자기 CEO가 나를 불렀다. 그 당시 나는 국내 IT 회사에서 영업 담당 임원으로 일하고 있었다. CEO는 신사업 전략의 일환으로 인공지능 분야에서 글로벌 기업과 사업적 협력을 논의하려고 하는데, 이 일의 책임자로 나를 지명하겠다는 것이었다. 잠깐 생각에 잠겼다가 CEO에게 되물었다. "저는 주로 영업을 하는 임원인데 왜 이런 신사업에 대한 기획과 관련된 업무를 저에게 시키시는 건가요?" CEO는 "당신이 이 글로벌 회사에서 입사 전에 일한 경험이 있으니 일단 한번 이야기를 진행해보세요"라고 했다.

10년 전에는 인공지능 분야가 사업적으로도 생소한 분야이기도 하고 기술적인 검토가 굉장히 중요한 부분이라, 영업과 마케팅 업무를 주로 해온 영업 담당 임원에게 이러한 업무를 지시하는 것이 약간 의외였다. 나중에 전해 들은 이야기에 의하면, CEO는 이 사업 진행에서 기술적인 검토뿐만 아니라 계약 이후 사업적 실행이 더 중요하다고 판단한 것으로 보인다. 인공지능을 전공한 기술 전문가들, 새로운 사업을 기획하는 사람들은 회사에 많지만, 이 기술을 이해하고 사업적으로 적용할 수 있는 기획자는 별로 없다. 회사가 원하는 것은 기획 마인드가 있는 기술 전문가 혹은 기술적 이해를 갖춘 영업 전문가였다. 이 사업의 계약이 끝난 후 나는 인공지능 사업을 국내에서 최초로 수행하는 사업 담당 임원이 되었다

IT 회사, 반도체 회사, 소비재 회사, 통신 회사, 화장품 회사 등 어떤 회사에서도 공통적으로 기획은 중요하다. 회사마다 단지 기획의

대상과 영역이 다를 뿐이다. 새로운 사업에 대한 기획뿐만 아니라 영업 기획, 기술 기획, 판매 채널 기획, 신제품 기획 등 다양한 영역에 기획이 필요하다. 모든 업무에서 이러한 기획자적 자질이 동일한 비율로 중요하지는 않지만, 이공계를 졸업해 기술 분야에서 일하는 인력들도 '기획자 마인드'가 필요하다. 적어도 회사에서 팀장 이상 임원으로 승진을 원하거나, 회사를 옮겨서 다른 업종으로 업무를 변경하거나, 경력을 확장하려고 할 때도 이러한 기획적인 역량이 가산점으로 작용할 때가 많다.

일정 규모 이상의 회사에는 직군마다 대부분 기획을 하는 기능이 있다. 영업 기획, 마케팅 기획, HR 기획, 판매 기획, IT 기획 등으로 불리는데, 별도의 조직이 있진 않더라도 그 기능은 존재한다. 이러한 기획 업무를 해당 분야에서 잠깐이라도 경험해보는 것이 좋다. 국내 기업에서는 대부분 기획하던 사람들이 빨리 승진하는 경우가 많다. 직원들의 근무 경력, 평가 등이 비슷한 경우에는 더더욱 그렇다. 회사를 옮기는 경우에도 기획을 해본 경험이 많은 도움이 된다. 기획이라는 역할을 수행하면서 회사의 사업, 고객, 기술 전반에 대한 종합적인 시각을 갖게 되고, 이러한 시각을 회사 내부 임원 및 동료 혹은 고객들에게 효과적으로 전달할 수 있는 역량이 개발되기 때문이다. 알고 있는 것과, 본인이 알고 있는 것을 잘 PR하는 것은 전혀 다르다.

광고 회사에서의 첫 직장 생활 이후 국내외 컨설팅 및 IT 회사에서 20년 이상 일했지만 나는 개인적으로 '기술자'보다 '기획자'에 가깝다. 대학 시절 IT와 거리가 아주 먼 경영학을 전공했고, IT 전반에 필요한 지식들은 주로 회사에서 일하면서 배웠다. '기술자'적 지식이 일천함에도 40대 중반에 국내 IT 기업에서 임원이 된 것도 여러 회사들을 다니며 쌓은 '기획자'적 역량이 분명 중요하게 작용했을 것이다. 글로벌 기업들에서 근무하면서 배우고 경험한 것들을 국내 회사에 맞게 잘 적용했던 것도 큰 도움이 되었던 것 같다.

기술자와 기획자

글로벌 IT 회사인 IBM과 'Watson 한글 인공지능' 사업 계약을 마친 후 인공지능 사업 담당 임원을 맡게 되었다. 당시에 인공지능을 전공한 사람들은 많았고 기업들도 인공지능에 관심은 많았지만, 국내에서 이 분야를 하나의 사업부로 만들어서 담당한 임원은 아마 내가 최초였을 것이다. 우연히도 구글 알파고와 이세돌 9단의 바둑 대결 이후 "IBM 인공지능이 한글을 공부한다"는 기사가 나오면서 국내의 대형 금융기관, 종합병원 등 온갖 산업군의 고객들로부터 만나자는 전화와 문의가 빗발쳤다. 최근 OpenAI사가 개발해 세상의 폭발적 관심을 일으킨 생성형 AI 기반의 ChatGPT가 2세대 인공지능이라면, 이 시기는 1세대 인공지능 도입기였다고 하겠다.

회사 생활을 하는 동안 대부분 영업, 사업개발, 컨설팅 분야의 직원들과 일했는데, 인공지능 관련 사업본부를 맡아서 일하던 이 시기에는 1~2년 정도 100여 명 규모의 개발자 팀과 함께 일했다. 대부분의 '기술자'들은 기술적인 전문성과 자부심이 대단하다. 최고의 기술을 활용하여 최고의 제품을 만들어보고 싶어한다. 기술적 한계에 도전하여 '세상에는 없는 새로운 혁신적인 기능을 가진 제품'을 만들려고 한다. 이 조직을 운영하면서 나는 '기술자'와 '기획자' 두 부류의 사람을 보았다.

회사는 궁극적으로 영리를 추구하기 때문에, 이러한 기술을 돈이 되는 사업으로 만들어내는 사람을 원한다. '세상에서 가장 좋은 제품'이 아니라 '시장에서 가장 잘 팔릴 수 있는 제품'을 기획해야 하는 것이다. 그렇기 때문에 팀장 이상 임원으로 조직에서 성공하기 위해서는 기술이나 사업의 전문성에 더하여 기획 능력이 있어야 한다. 영업 조직에서도 마찬가지이다. 본인이 맡은 시장과 고객을 대상으로 회사 전략에 맞추어 영업 전략을 짜고, 판매할 대상 고객을 선정하고,

전략적인 제안을 준비하는 영업사원이 있는 반면, 고객과 친분을 쌓아서 필요한 것을 그때그때 사달라고 부탁하는 영업사원도 있다. 고객에게 당사 제품이 경쟁사 제품보다 어떤 가치value가 있는지를 명확하게 이해시키고 설득하는 기획 마인드가 있는 영업사원이 성과를 낼 수밖에 없다. 후자의 경우 고객이 제품을 단기적으로 한 번 사줄 수는 있지만, 회사와 고객이 장기적인 원원win-win 관계를 형성하기 힘들다.

지식 사회, 정보화 사회를 살아가는 직장인들이라면 누구나 자기가 일하는 분야에서 전문적인 기술과 경험을 가져야 하지만, 이것이 충분조건은 아니다. 자신의 기술과 경험 그리고 역량을 잘 포장해서 전달하는 것, 이것이 경쟁자들 사이에서 자신을 더 돋보이게 하는 차별화 기술이다. 기술이 '필요조건'이라면 기획은 '충분조건'인 것이다.

파레토 법칙은 '80대 20 법칙'이라고도 불리는데, 80%의 결과가 20%의 원인에 의해 발생한다는 것이다. 경제학자 빌프레도 파레토가 이탈리아에서 20%의 사람들이 80%의 부를 소유하고 있는 현상을 관찰하면서 유래하였다. 이 용어는 마케팅에서 많이 인용되어 전체 고객 중 우량 고객 20%가 전체 매출의 80% 이상을 끌고 간다는 의미가 되었다. 약간 다른 해석이긴 하지만, 기술자가 가진 20%의 기획적 사고(혹은 기획자의 기술 이해도)가 조직 내에서 성과와 역량을 평가받는 데 80% 이상 중요한 차별화 요소로 작용한다. 이직의 상황에서도 이러한 20%의 차별화 여부는 입사의 당락에 중요한 요인으로 작용한다.

—

설득적 커뮤니케이션 vs. 논리적 커뮤니케이션

좋은 기획자가 되기 위해서는 커뮤니케이션 능력이 필요하다. 기획자는 듣는 사람의 입장에서 듣고 싶은 이야기를 해주는 사람이다. 때로는 논리적이어야 하고 때로는 감성적일 필요가 있다. 커뮤니케이션의 궁극적 목표는 상대방을 설득하는 것이다.

첫 직장인 광고 회사의 마케팅 부서에서 일할 때의 이야기이다. 그 당시 부서의 팀장이나 선배들은 두 가지 그룹으로 나뉘어 있었다. 대학에서 심리학 혹은 신문방송학을 전공한 그룹과, 경영학 혹은 통계학을 전공한 그룹인데 둘 중 어디에 속하느냐에 따라 팀장이 작성하는 보고서나 기획서의 내용과 방식이 아주 달랐다. 첫 번째에 속한 팀장은 두괄식으로 결론을 먼저 확 던지고 궁금증을 유발하게 한 후, 그 이유와 내용을 조금씩 감질나게 보여준다. 대부분 내용을 감성적이고 설득적으로 전달한다. 두 번째에 속한 팀장은 데이터에 기반하여 팩트를 분석하고, 하나하나 논리를 만들어 결론을 도출한다. 결론이 항상 나중에 나온다. '설득적 커뮤니케이션'과 '논리적 커뮤니케이션' 중 어느 것이 맞는지 정답은 없다. 고객에 따라, 기획하는 제품에 따라 달라야 하는데 항상 본인이 맞다고 서로 싸우던 기억이 난다.

그 당시 TV에서 초코파이 광고를 보는데, 메인 카피가 '情'이었다. "초코파이는 情입니다"가 메인 헤드라인이었다. 이런 상품을 논리적으로 팔 수는 없다. 이 광고의 책임자 밑에서 일한 적이 있는데, 심리학과 출신이었고 워크래프트 게임을 좋아했다. 고객 대상으로 프레젠테이션을 하면 고객들을 거의 빠져들 정도로 몰입시키는 신비한 기술이 있는 사람이었다. 설득적인 커뮤니케이션 관점에서 그보다 프레젠테이션을 잘하는 사람을 지난 30년간의 직장 생활에서 본 적이 없다.

또 'LG생활건강'에서 출시할 신제품 샴푸 관련 기획 업무를 한 적이 있다. 시장조사 등을 한 후 여러 가지 고민 끝에 '노비드'라는, 비듬에 민감한 소비자층에 소구할 신제품을 제안하게 되었는데, 이러한 제안은 논리적으로 설득해야 한다. 시장에서 기존 제품의 경쟁적 포지션이 어떤 상황인지, 현 상태로 가면 시장 점유율이 어떻게 예상되는지, 새로운 샴푸 시장의 기회는 과연 존재하는지, 존재한다면 어떤 니치^{niche} 마켓으로 진입해야 하는지 등을 일관성 있게 논리적으로 설득했다. 이 제품은 출시하자마자 시장에서 대단히 성공적이었고, 그 당시 방송되었던 TV 광고도 아주 파격적이었다.

'설득적 커뮤니케이션'이냐 '논리적 커뮤니케이션'이냐는 상황에 따라 다르다. 그러나 회사나 고객과의 미팅에서 혹은 인터뷰에서 본인의 생각을 이야기할 경우에는 기본적으로 '설득적 커뮤니케이션'이 더 효과적인 경우가 많다. 특히 CEO나 임원에게 보고하는 경우에는 논리적이어야 하지만, 결론부터 먼저 말하고 그 이유를 설명하는 것이 더 좋다.

'통역'의 기술

국내 대기업에서 막 임원으로 승진했던 시점의 이야기다. 다른 계열사에서 CEO가 새로 옮겨 와서 조직별로 첫 티^{tea} 미팅을 하던 자리였다. 회사의 선배 임원들과 같이 열 명 정도가 있던 자리에서 새로 부임한 사장님이 물었다. "이 회사 대표는 나인데 왜 우리 회사에서는 영업 담당 직원을 다 '대표'라고 합니까?" IT 업계에 근무하는 대부분의 사람들은 '영업대표'란 단어에 익숙하다. CEO처럼 회사를 대표하는 대표이사가 아니라, 본인이 맡은 고객 혹은 산업군에 대하여 회사를 대표하는 책임을 갖는다는 측면에서 통상 '영업대표'라고 부른다. CEO와의 첫 미팅에서 이러한 질문을 듣고 얼어붙어 아무도 대답을 하지 못하고 잠시 시간이 지났다. "제가 답변드리겠습니다"라고 하며 그 이유를 말했더니 사장님은 알겠다며 웃어넘겼다. IT 회사에 부임하기 전 대부분의 시간을 다른 업종에서 근무했기 때문에 이런 용어가 익숙하지 않았던 것이다.

회사 내부에서 다른 조직과 미팅을 할 경우 혹은 고객과 프로젝트를 진행할 경우에도 '통역의 기술'이 필요하다. 기획자가 갖추어야 할 핵심 역량 중 하나가 이 통역의 기술이다. 회사 내외부에서 직원 혹은 고객들과 대화할 경우, 심지어는 가정, 친구, 학교 어디서든 우리는 각자 자기가 하고 싶은 이야기를 주로 한다. 상대방이 듣고 싶어하는 이야기가 아니라 자기가 하고 싶은 이야기를 한다. 또한 상대방의 경험적, 학문적, 기술적 배경과는 상관없이 이해하기도 힘든 단어를 써가며, 자기만의 깊이로 이야기하는 경우가 많다. 그러나 훌륭한 기획자가 되기 위해서는 상대방의 이야기를 잘 듣고, 그들이 이해할 수 있는 언어로 내용을 잘 해석, 조율, 전달하는 능력이 필요하다. 서로 기술적 이해도가 달라서 매번 같은 이야기를 하면서도 의견이 다르다고 미팅에서 싸운다. 사전에 충분히 협의하고서도 일정 시간이 지난 후에 작업한 보고서의 결과물이 전혀 다른 방향인 경우도 종종 있다. 참 머리가 아프다. 기획자는 잘 듣고 잘 정리할 수 있어야 한다. 공통적으로 공감하고 이해할 수 있는 쉬운 용어로 이야기해야 한다.

기획은 실행을 전제로 하기 때문에 결국 조직 내부 혹은 외부의 의사결정자가 최종 실행 여부를 결정할 수밖에 없다. 보고를 받는 사람이 익숙하지 않은 용어를 쓰면 그 보고서는 바로 휴지조각이 되는 경우가 다반사다. 아무리 좋은 아이디어라도 '통역'을 잘못하면 쓰레기가 되어버린다.

이직하며 배운 것들, 남은 것들

30대 초에 호주의 회계법인에서 근무했던 기간을 포함해서 다양한 국내 및 외국계 회사를 다니며 많은 것을 골고루 배웠다. 광고 회사에서는 시장, 소비자, 경쟁사에 대한 데이터 분석법과 설득적 커뮤니케이션을, 컨설팅 회사에서는 컨설팅 방법론과 선진 산업의 사례들을 배웠다. IT 회사에서는 다양한 B2B 고객들에게 효과적인 사업

개발 및 제안의 기술을 배웠고, 새로운 기술이 어떻게 산업에 적용되어 운영의 효율성과 시장에서의 차별화를 만들어낼 수 있는지 경험했다.

여러 회사를 다녀보니 국내 회사 혹은 외국 회사 간에 채용 방식, 임금 체계, 기업 문화, 조직 관리 등 여러 가지 측면에서 차이가 있다. 국내에 있는 외국계 회사들은 대부분 영업 및 마케팅에 특화된 조직이다. 제품 개발이나 가격 정책 수립, 기술 개발 등은 보통 본사 및 지역 본부 등에 그 기능이 존재하고, 국내 지사에서는 영업과 마케팅에 집중한 사업 운영을 하는 경우가 많다. IT 회사의 경우 소프트웨어를 팔든, 하드웨어를 팔든, 서비스를 팔든 대부분의 회사가 마찬가지이다. 회사를 다니며 기획과 마케팅은 광고 회사에서 배웠고, 영업 및 제안, 사업개발 등과 관련된 부분은 외국계 회사에서 그 기본기를 배웠다. 영업 및 제안 관련 기술이나 경험은 어떤 산업 혹은 직종에서 근무하느냐에 따라 정도의 차이가 있긴 하지만, 기본적으로 회사에서 필요로 하는 역량 중 우선순위가 제일 높은 것 같다.

국내 회사들도 해외로 진출하여 세계 각국의 고객들을 대상으로 자사의 제품과 서비스를 판매하고, 해외 글로벌 기업들도 국내에서 사업을 수행 중인 요즘은 더 이상 국내 회사에서 근무하는지 외국 회사에서 근무하는지는 중요하지 않다. 본인만의 경쟁력 있는 경력 포트폴리오를 만들기 위해 어떤 순서대로 경력 사다리를 오를 것인지를 정하고, 그 경력 사다리에서 만나는 회사들에서 어떤 DNA를 나에게 채워갈 것인지가 더 중요하다. 채워야 할 가장 중요한 DNA들 중 하나가 영업적 DNA인데, 나는 이 DNA를 대부분 이직의 과정을 통해 체득했다. 그리고 이 DNA는 내가 다닌 여러 회사에서 성과를 내고 인정을 받는 데 중요한 역할을 해왔다.

영업적 DNA를 가져라

리더로 성공하기 위해서는 '영업적 DNA$^{sales\ DNA}$'가 필요하다. 산업의 특성과 개인의 업무에 따라 영업적 DNA의 중요도가 다르긴 하지만, 이러한 DNA는 모든 업종과 직종에서 점점 직급이 높아지면 반드시 갖춰야 하는 것이다. 30년의 직장 생활 중 절반을 국내 대기업에서, 나머지 절반을 외국 회사, 정확하게 말하면 미국 회사에서 보냈다. 광고 회사, 회계법인, 컨설팅 회사, IT 회사 등 여러 업종의 회사를 다녀보았지만 공통적으로 영업 관련 역량이 대부분의 회사에서 제일 중요했다. 그 이유는 영업이 개인과 팀을 평가하기 위한 가장 객관적인 기준이기 때문이다. 또한 개인적으로 나를 알리기에도 가장 적합한 기준이기도 하다. 여기서 말하는 영업적 DNA라는 것은 영업을 잘해서 성과를 내는 역량을 의미하는 것만이 아니다. 회사가 가진 제품이나 서비스, 혹은 개인이 가진 능력과 장점을 회사 내부의 구성원 혹은 외부 고객들에게 잘 전달하는 역량을 의미한다.

이 역량을 키우기 위해서는 크게 두 가지가 중요한데, 첫 번째는 하고자 하는 이야기 혹은 팔고자 하는 것을 적절한 대상에게, 적절한 시점에, 의미 있는 내용으로 잘 전달하는 것이다. 세일즈 영역에서 이러한 부분을 '가치 제안value proposition'이라고 한다. 두 번째는 좋은 관계를 맺는 것이다. 나의 이야기를 들어줄, 나의 제품이나 서비스를 긍정적으로 평가해줄, 나에게 좋은 친구가 되어줄 사람들과의 '관계 맺기' 기술이 필요하다. 이 두 가지가 여러 업종의 회사로 이직하는 과정에서 체득한 영업적 DNA의 핵심이라고 할 수 있다.

특히 이런 영업적 역량은 미국계 IT 회사를 다니면서 많이 배웠는데, 그 이유는 외국 회사들의 한국 법인들이 대부분 영업 중심의 지사혹은 법인이었기 때문이다. 대부분의 직원들이 다양한 영업 관련 업무에 종사한다. 다양한 영업 직군에서 전문적인 경험을 하기에는 충분히 좋은 환경이다. 영업적인 측면에서 다양한 방법론과 세부적인 교육 프로그램들을 경험하고, 역할에 따라 관계 영업을 중심으로 하는 영업대표, 기술 영업을 하는 인력, 프리 세일즈를 하는 인력, 비즈니스 애널리스트 등 영업 분야의 다양한 인력들과 같이 일하게 되었다. 이러한 영업의 경험과 기술은 IT 분야뿐만 아니라 다른 산업 어디에서도 활용할 수 있는 부분이다. 파는 제품만 다를 뿐이지 영업의 기본은 동일하다.

나는 술을 한 잔도 마시지 못한다. 친구나 지인이 우리 집에 방문했다가 먹고 남은 맥주 몇 캔을 냉장고에 넣어두면 몇 년이 지나도 그대로 냉장고에 있다가 이사 갈 때 버리곤 했다. 술을 한 잔도 못 마시지만 지난 20년 직장 생활을 돌아보면 '영업 팀장', '영업 본부장' 등 대부분의 역할이 영업과 관련 있었다. 이러한 성향의 소유자가 회사의 전체 영업을 책임지고 수천억의 사업을 수주하는 일을 어떻게 해냈는지 놀랍기도 하지만, 개인적인 영업 철학은 술을 안 마시고도 영업은 잘할 수 있다는 것이다.

영업은 업종마다 그 유형과 방식이 굉장히 다르기 때문에 개인의 적성에 적합한 영업의 영역을 경험해보는 것이 좋다. 술 마시고 친해져서 형님 동생 하면서 하는 영업도 있고, 술 마시고 친해져도 안 되는 영업도 있다. 개인적으로는 IT 시장에서 몇백억, 몇천억 정도의 대규모 사업과 관련된 영업을 많이 해보았는데, 이러한 영업은 '관계 형성'보다 '가치 제안'이 사업의 성공에 훨씬 더 중요하다.

영업의 기본은 '가치 제안'

B2B 기업에서의 영업은 보통 '제안 활동'을 통해 이루어진다. 회사에서 만든 표준 브로슈어 등을 전달하고 영업하는 경우도 있지만 보통 고객의 상황과 필요에 맞게 차별적으로 제안을 하는 경우가 많다. 경쟁사와 같이 경쟁하여 입찰하는 경우도 있고 단독으로 제안하는 경우도 있는데, 경쟁하는 상황이 대부분이다. 경쟁 상황에서 이기기 위해서는 경쟁사보다 '가치 있는 제안'을 해야 하는데, 이때 중요한 세 가지가 있다.

첫 번째가 '타깃target'이다. '누구에게 팔 것인가'보다 '누구를 만나서 이야기할 것인가'가 더 중요하다. 예컨대 IT 아웃소싱은 자사의 전산실을 외부에 위탁하는 대규모 장기 사업이다. 아웃소싱을 한다면 본인들이 직접 운영하는 업무를 외부의 업체에 맡겨야 하기 때문에 IT 부서는 아웃소싱 제안에 대부분 부정적이다. 처음 아웃소싱 사업을 할 때 나도 대형 고객사의 CIOChief Information Officer를 만나서 사업을 제안한 적이 있다. 본인의 역할이 줄어들거나 자리가 없어질 수도 있으니 CIO들을 만나서 이러한 제안을 하는 것은 효과적일 수가 없다. 누구를 만나서 이야기할 것인가? 비용 절감 측면에서 본다면

CFO^{Chief Financial Officer}, 운영 전반에 대한 서비스 향상이 목적이라면 혹은 IT가 회사의 매출과 직결되고 중요하다면 COO^{Chief Operating Officer}나 CEO가 의사결정자인 것이다. 처음 찾아가서 이야기할 대상을 잘 선정해야 한다.

두 번째는 '타이밍^{timing}'이다. 언제 찾아가서 이야기 할 것인가의 문제이다. 회사의 경영진도 계속 바뀌고 시장 상황도 계속 변한다. 경쟁사들의 전략도 바뀌고 소비자들의 취향도 변한다. 지난달에는 관심이 없다가 이번 달에는 관심이 커질 수 있다. 계속 고객과 시장, 경쟁 상황을 모니터링하며 찾아갈 적절한 타이밍을 찾아야 한다.

글로벌 회사에서 아웃소싱 사업개발을 할 때의 이야기다. 국내에서 손꼽는 대기업의 CIO를 몇 번이나 찾아가서 이야기해봤지만 돌아오는 건 부정적인 대답뿐이었다. 그러던 중 IT가 전문이 아닌 CIO가 새로 부임하게 되었고, 운영하던 IT 업무에 장애가 생겨서 IT 분야에 전문성이 없던 CIO는 고민하고 있었다. 다시 찾아가서 아웃소싱 이야기를 시작했다. 여러 가지 고비가 있었지만 1년 후 성공적으로 사업을 계약하게 되었다. 임원이나 경영진이 새로 오거나 바뀌면 해당 업무에 대한 관심도가 높아지거나 없던 관심이 다시 타오를 수도 있다. 그래서 꺼진 불도 다시 보아야 한다.

세 번째는 '테마^{theme}'이다. 무슨 이야기를 해서 고객의 관심 혹은 의사결정을 이끌어낼 것인가? 이게 가장 중요한 부분이다. 앞의 첫 번째와 두 번째가 영업의 필요조건이라면, 이 세 번째는 영업을 최종적인 성과로 만들어낼 수 있는 충분조건이다.

10여 년 전 국내 대기업에서 근무할 때였다. 사업적으로 매우 불리한 상황에서 아주 강력한 경쟁 회사와 영업적인 경쟁을 한 적이 있다. 절대적으로 불리하던 상황에서 준비하던 사업이 제안 발표를 기점으로 승기를 잡게 되었다. 경쟁사는 제안 발표회에서 기술 전문성을 가진 프로젝트 책임자가 아주 구체적으로 현재의 문제점을 지적하며 자사의 제안 내용을 잘 설명하였다고 한다. 우리는 제안 발표에 참여한 CEO 및 경영진이 IT를 잘 모른다는 가정하에 양사의 문화적, 사업적 공감대를 주제로 이들의 눈높이에 맞추어 IT가 아닌 쉬운 비즈니스 용어로 제안 발표를 진행했다. 제안 발표 이후 분위기가 바뀌었다. 우리가 한 발표가 무슨 얘기인지 쏙 들어온다는 이야기가 들려오기 시작했고, 절대적으로 불리해 보이던 경쟁이었지만 실낱같은 희망이 보이기 시작했다. 여러 고객들이 도와주기 시작했고 결국 사업에서 성공적인 결과를 만들어냈다.

고객의 고민pain point을 우리 회사의 제품이나 서비스를 통하여 어떻게 해결해줄 수 있는지 논리적인 근거를 제시해야 한다. 경쟁사는 제공하지 못하는 우리만의 '테마'를 선정하여 이해하기 쉽게, 고객의 언어로 전달해야 한다.

영업을 위한 관계 맺기의 기술

좋은 관계를 맺었다고 영업이 반드시 잘되는 것은 아니지만, 고객과의 관계는 장기적으로 영업에 중요한 요소이다. 또한 고객은 시장에서 나를 홍보해주고 지원해주는 든든한 후원군이기도 하다. 업계가 좁기 때문에 요즘에는 레퍼런스 검증reference check을 하는 경우가 점점 많아진다. 이때 나에 대한 이야기를 나서서 해줄 친구가 필요하다. 이 사람이 어떤 사람인지, 어떤 가치를 고객에게 전달하는 사람인지 침을 튀겨가며 이야기해줄 응원군을 만들어야 한다. 이러한 관계 맺기 측면에서 개인적으로 중요하다고 생각하는 세 가지 원칙이 있다.

첫 번째는 이해관계가 없을 때 관계 맺기의 원칙이다. 대부분 영업을 하는 경우에는 경쟁자가 있기 마련이다. 나 혹은 우리 회사만이 제공할 수 있는 대단한 무언가를 갖고 있는 경우는 거의 없기 때문에, 보통 고객이 제품 혹은 서비스를 구매할 경우에는 비교 평가를 통한 경쟁의 상황을 맞게 되는 것이 대부분이다. 고객은 이러한 의사결정을 앞두고 평가의 공정성을 위해 혹은 외부에서의 여러 가지 잡음을 피하기 위해서 영업 관계자를 잘 만나주지 않는다. 그러므로 고객과 이해관계가 없을 때 관계를 잘 만들어두는 것이 향후 사업에 절대적으로 도움이 된다. 사업을 진행하고 난 이후도 마찬가지이다. 사업을 진행하고 난 이후에 이해관계가 없을 때 어떻게 고객을 대하는지를 고객들은 기억한다. 정말 정확하게 기억한다.

대기업에 근무할 때 같이 일하던 팀장의 이야기다. 집 근처 골프 연습장에서 골프 연습을 하다 우연히 만난 동네 지인과 매주 아파트 내에 있는 스크린 골프장에서 운동을 같이 했다고 한다. 개인적으로 친한 사이는 아니어서 대충 어느 분야의 직장을 다니는지 정도만 알았지 어떤 회사에서 무슨 일을 하는지는 서로 알지 못했다고 한다. 몇 년이 지나고 우연한 기회에 서로 얘기를 하던 도중에 그 팀장은 진행하고 있는 중요한 사업이 그의 회사와 관련이 있음을 알게 되었지만 특별히 도움을 부탁하지는 않았다고 한다. 시간이 흘러 사업을 성공적으로 수주하게 되었고, 나중에 알고 보니 바로 그 동네 지인이 뒤에서 사업에 중요한 도움을 주었다고 한다. 인간관계는 특별한 이해관계가 없을 때 맺어야 하고, 이러한 관계가 장기적이어야 서로 마음의 문을 열고 응원하는 관계가 된다. 필요할 때만 찾아가는 영업사원에게는 마음의 문을 활짝 열지 않는다.

두 번째는 낮은 곳으로부터의 관계 맺기 원칙이다. 영업에 성공하기 위해서는 고객이 나와 같은 배에 타게 해야 한다. 어떻게 하면 고객을 같은 배에 태워 같은 목적지를 향해 가게 할 수 있을까? 쉽지 않은 이야기다. 그러나 선택의 상황에서 내가 물에 빠질 경우 건져줘야 한다고 느끼게 만들어야 한다. 우리가 선택이 안 되면 슬퍼하는 상황 혹은 사람을 만들어야 한다.

영업본부장으로서 국내 금융기관의 시스템을 재구축하고 운영하는 사업을 책임지던 시절의 이야기다. 작게는 수백억 원, 크게는 수천억 원 규모의 사업이기 때문에 제안을 준비하는 시기도 길고, 비용과 인력도 많이 소요되는 중요한 사업이었다. 보통 국내 주요 3개사가 치열하게 경쟁하는 시장이다. 사업을 준비하는 시기에는 고객사의 임원들이 제안 업체의 임원들을 만나주지만, 사업이 본격적으로 진행되는 시기에는 대부분 만나주지 않는다. 민감한 시기이기도 하고, 혹시 외부에서 공정성을 훼손했다는 루머에 휘말리고 싶지 않기 때문이다. 우리의 경쟁사들은 대부분 고객사의 CIO를 비롯한 고위층을 중심으로 영업 인사를 하고 돌아갔다. 그런데 나는 보통 이런 사업을 하게 되면 실무를 하는 직원들을 꼭 만난다. 임원들뿐만 아니라 팀장이나 실무 담당자들과도 꼭 관계를 맺으려고 한다. 이 사람들이 결정적인 순간에 가장 중요한 도움을 주는 사람들이기 때문이다.

사업이 본격적으로 진행되고 평가가 진행되기 시작하면 고객사에서는 입단속을 시킨다. 절대 제안에 참여한 업체를 만나지도 말고 어떤 이야기도 하지 말라고 한다. 정말 궁금증이 커지는 시기다. 물론 실무자들도 정보를 주거나 직접적으로 도와주지는 않는다. 그러나 제안사의 고위 임원이 평소에 본인을 찾아와서 관심을 갖고 열정을 보여주면 어느새 심적으로는 우리와 같은 배를 타게 된다. 우리가 안 되면 약간 슬퍼지는 마음이 조금씩 생기게 된다. 이러한 마음이 생기면 어떻게든 도와주려고 하고, 조그만 단서나 정보라도 알게 모르게 흘러 나오게 된다. 이러한 정보가 우리가 경쟁사 대비 불리한 상황인지, 추가적으로 어떤 액션을 취해야 하는지, 왜 사업의 결과 발표가 지연되는지 등을 파악하고 중요한 액션의 방향을 정하는 데 결정적인 도움이 된 적이 많다. 개인적인 영업 관점에서 보면 고객사의 고위 임원들과의 관계도 당연히 중요하지만, 실무자들과의 다양한 관계 설정이 더 중요할 수도 있다. 이 작은 차이가 영업에서 성공을 만들어 낸다.

세 번째는 고객을 성공시키는 관계 맺기의 원칙이다. 2016년 봄 구글의 알파고와의 바둑 경기에서 이세돌 9단이 지고 난 후 인공지능이 모든 기업과 개인에게 화두가 되었던 시기였다. 그 당시 모든 기업의 CEO들이 인공지능에 관심을 갖게 되면서 CIO들에게 계속 질문을 하고 과제를 주었는데, 대부분의 CIO들이 새로운 기술에 대한 정보가 부족해 답답해하던 시절이었다. 그 당시 나는 인공지능 분야의 글로벌 플랫폼을 한글화하고 있었기 때문에 그 과정에서 배운 사업적, 기술적 경험과 지식을 고객사의 사업에 어떻게 적용하면 좋을지를 정리해서 고객사 CIO들을 찾아갔다. CIO가 정리한 자료를 잘 이해해서 경영진에게 잘 보고할 수 있도록, 그래서 회사 내에서 전문가로 인정받고 더 오래, 더 높은 위치에 있을 수 있도록 말이다. 그들이 고마워했던 기억이 난다. 고객이 내부적으로 성공하거나 인정받게 도와야 한다. 그래야 진정한 관계가 만들어지고, 서로가 힘들 때 도와주는 관계로 발전한다.

코로나19가 막 시작되는 시점에 당시 다니던 회사를 나왔다. 대면 접촉을 극도로 피하던 시기라 고객들이 웬만하면 방문해도 만나주지 않던 시절이었다. 그때 내가 도움을 주었던 CIO 한 분에게 점심 약속을 위해 연락을 했더니 회사로 찾아오라고 했다. 이제는 그분도 은퇴했지만 가끔 연락을 주신다. 한때는 고객사의 임원으로 소위 갑과 을의 관계였지만, 지금은 친한 친구 관계처럼 종종 만난다. 만나서 그때 이야기를 간혹 하신다. 그때 찾아와서 많은 도움이 되었고, 덕분에 회사 생활을 몇 년 더 했다고 한다. 이제는 현직에서 나와서 이해관계가 전혀 없는 사이이지만 항상 서로 고마운 존재가 되었다.

올해 시간이 된다면 가보고 싶은 곳이 있다. 20대 후반에 친구 따라 용감하게 떠났던 호주의 골드코스트 해변을 한번 보고 싶다. 올해가 호주를 떠난 지 25년째다. 나의 마음의 고향을 올해는 다녀와야겠다. 그곳에서 또 다른 새로운 계획을 멋지게 세워보려고 한다.

가치 있는 예술품을 고르고
정확하게 판매하기 위해서는
엄청난 공부가 필요합니다.
우리 인생도 오류를 줄이기 위해서는
부단한 공부와 볼 줄 아는 판단력이 필요하죠.

공감

일, 인생, 성장의 필요충분 조건

이인석

前) 이랜드 문화사업부/문화재단 대표
단국대 발전 자문위원장
2016~18 대한민국 최고경영자 대상 수상
2016 산업훈장 수상
2023 《밸런스》 출간
2024 예술의 전당 '카라바조展' 운영위원장

'보스'보다 '리더'

공감은 참으로 어렵다. 그러나 사람 인人이 두 사람이 서로 기대어 서 있는 모습에서 기원했다는 설이 있는 것처럼 사람이라는 존재는 혼자서 존재할 수 없다. 이때 사람 간의 좋은 관계를 만들어가는 데 소통이 중요한데, 소통의 정수가 바로 공감이다. 사회생활을 하면서 공감만 잘하면 시행착오를 줄이고 성공적인 인간관계를 만들 수 있다.

공감에 대한 글을 쓰면서 가장 먼저 떠오른 것은 드라마 〈다모〉였다.

"아프냐, 나도 아프다."

2003년 방영된 MBC 드라마 〈다모〉를 보면 첫 화에 이런 대사가 나온다. 광양 매화마을의 매화가 떨어지는 배경 속에서 포도청 종사관 황보윤이 다모 채옥에게 하는 말이다. 채옥을 향한 깊은 사랑에서 나온 표현으로 채옥의 마음과 상황을 알고, 함께 문제를 해결하겠다는 황보윤의 의지와 감정이 느껴진다. 그 표현 속에는 어떠한 강요나 가르침이 없고, 그저 채옥의 얘기를 듣고 가만히 공감한다. 시청자들은 채옥을 아끼는 황보윤의 마음을 엿볼 수 있다. 사람에 대한 공감의 원리를 보여주는 명대사였고, 이는 당시 시청자들에게 큰 반향을 일으켰다.

공감에 대해 얘기하는 것은 어렵다. 이론이나 말로 이야기하기는 쉽지만 실제 그것을 삶에서 바르게 실천하는 것이 매우 어렵기 때문이다. 그래서 내 경험 중 몇 가지 에피소드를 통해 공감이 얼마나 어려운지를 돌아보고, 공감에 대해 하나씩 풀어나가고자 한다.

나이가 조금씩 들어가면서, 지식은 젊을수록 탁월하기에 이제 나는 지혜로운 사람이 되면 좋겠다는 생각이 든다. 지혜로운 사람은 의사결정권자가 되기보다 의사결정권자들이 바르게 판단하고, 결정하고, 책임질 수 있도록 돕는 역할을 한다. 나는 지혜롭게 돕기 위한 첫 번째 행동이 상대에 대한 경청과 공감임을 깨달아가고 있다. 사람과의 관계를 돈독히 하거나 일의 성과를 탁월하게 낼 수 있도록 신뢰를 얻는 것도 결국은 공감이 출발점이 된다.

젊은 청년들은 조직에서 일할 때 '보스'보다 '리더'를 더 인정하고 따르게 된다. 보스는 조직을 명령과 통제를 통해 혼자 끌고 가는 존재이고, 리더는 직원들과 함께 조직의 성장과 미래를 만들어간다. '직원들과 함께'라는 의미 속에는 소통과 공감이 전제된다. 청년 세대에게 기성 세대들이 해야 하는 마땅한 바는 들어주고, 이해하고, 공감하고, 도와주는 것이다. 현 시대는 용장이나 맹장의 리더십도 중요하지만, 지장이나 덕장의 리더십이 더 필요한 시대가 되었다. 조직을 운영하는 리더들에게는 탑다운top-down식의 명령이나 권위주의보다는, 직원들과 함께하고 그들의 생각과 의견을 수렴할 수 있는 바텀업bottom-up식의 소통 구조가 더 중요해졌다. 그래서 기성 세대들은 젊은 청년들과 소통할 때 공감해야 하고, 공감할 수 있는 태도를 갖추는 노력을 반드시 해야 한다. 나도 그러한 변화를 위해 개인적으로 많은 노력을 하고 있다.

지난해 '화담,하다'에서 진행한 청년들과의 만남은 청년들에 대해서 막연하게 가졌던 선입견이나 편견이 산산이 부서지는 자리였다. 그중 부모와의 대화가 어렵고 상호 공감이 안 되는 이유를 듣는 순간 '아, 그거였구나' 하는 깨달음을 얻었다. 부모 세대와 자녀들은 각자의 경험과 각자의 관점으로 얘기를 하기에 접점이 생길 수가 없었고, 그래서 대화를 하면 서로에 대한 간극이 좁혀지기보다 오히려 사이가 더 나빠진다는 공통점이 있었다. 나도 그중 대표적인 한 명이었다. 나는 아직도 20대인 아들들과 대화를 할 때 가르치고 교훈을 주려는 프레임에 갇혀 있음을 고백한다. 그래서 아이들과의 대화에서 포커스가 빗나갈 때가 있고, 대화가 멈출 때도 있다. 이러한 약점은 결국 내가 조금 더 성숙해야만 해결될 일이다. 이제 공감이라는 주제를 비즈니스 현장, 가족과의 소통, 멘티들 코칭의 세 가지 영역에서 경험한 것들을 바탕으로 얘기하려고 한다.

공감의 대상을 먼저 파악하라

과장 직급으로 일했던 30대 때의 일이다. 나는 주도적으로 일하는 스타일이었기에 내 의견을 상사에게 적극적으로 밝히는 편이었다. 그러나 모든 경우에 그렇게 하면 안 된다는 것을 깨닫는 계기가 있었다. 수용성이 떨어지는 리더에게 할 얘기를 다 하는 실수를 수시로 범했던 것이다. 그 결과 관계가 악화되었고, 타 사업부로 이동할 때까지 갈등 구조가 지속되었다.

직장 생활을 하면서 상사가 'NO'라고 할 얘기는 꺼내지 말라는 말이 있다. 그것보다는 조금씩 신용 잔고를 쌓은 후에 얘기를 하든지, 아니면 상사가 받아들일 수 있는 키를 찾아서 지혜롭게 소통해야 한다는 것이다. 공감을 얻을 수 있는 조건을 만든 후에 소통하는 것이 조직에서 필요한 자세다. 의견을 개진하든, 조언을 하든, 그것을 수용할 수 있는 리더에게 해야 한다. 그렇지 않을 경우 그것은 반드시 부정적인 부메랑이 되어서 나에게 돌아온다는 사실을 그때는 몰랐다. 어쩌면 나의 신용 잔고(+, 0, -)에 맞게 행동하는 지혜가 필요한데 나는 신용 잔고가 제로이거나 마이너스인 상태에서 거리낌 없이 소통했고, 그것은 내 직장 생활에 어려움을 가중시켰다. 공감도 공감을 해줄 수 있는 사람에게 해야 하는 것이다.

어느 날 내가 안타깝게 보였는지 같이 근무하던 선배가 조언은 받아들일 수 있는 사람에게만 전달해야 한다고 충고해주었다. 그 이후에는 의견을 개진하는 방법을 바꾼 덕분에 갈등을 줄여나갈 수 있었다. 우리는 소통을 할 때 상대의 성향이나 상황에 맞추어 소통하는 지혜가 필요하다. 그래야 인간관계가 붕괴되지 않고 좋은 관계가 유지될 수 있다. 리더에게 필요한 것은 유연성과 수용성이지만, 그러한 자세를 가진 리더들이 현실에서는 5분의 1도 안 된다는 사실을 인식하는 것도 지혜다. 소통을 통해 문제를 해소하기 위해서는 먼저 차곡차곡 신용 잔고를 쌓은 다음 소통이 가능한 상황을 스스로 만들어나가야 한다.

믿고, 듣고, 이해하고, 끝까지 기다린다

2010년에 어느 조직의 대표직을 맡았을 때의 일이다. 회사에서 맡은 일 중 하나가 그룹사의 원가, 매출, 비용, 페이롤Payroll(급여 처리 업무)을 관리하는 업무였다. 그룹사가 M&A를 많이 진행하여 다양한 회사의 시스템들을 통합해야 하는데, 페이롤의 경우 통합하기까지의 시간이 길어져 직원들이 수기로 작업을 하는 경우가 있었다. 그래서 실수가 생기고, 직원들의 퇴근 시간이 많이 늦어져 새벽에 퇴근하는 직원들이 많았다. 한 달 택시비가 수천만 원이 넘는 경우가 다반사였다.

택시 비용이 아까운 것보다 젊은 여직원들에게 사고가 발생하면 안 되었기에 회사 근처에 아파트를 얻어 늦게 퇴근하는 직원들이 숙식을 해결할 수 있도록 도왔다. 그러나 야근과 새벽 퇴근이라는 근본적인 문제는 내가 극복해야 할 문제였다. 안 그래도 수시로 야근과 새벽 퇴근을 하는 조직에서 별도의 지원팀도 없이 산개한 조직들의 페이롤을 하나로 통합한다는 것이 쉽지는 않았다. 인사재무 파트의 리더들에게 말을 꺼내는 것도 쉽지 않았다. 그래서 그들을 어떻게 설득할 것인지에 대해 고민을 많이 했다. 그것은 나와 회사의 필요성이 아닌 직원들의 필요성에 포커스를 맞추는 것이고, 시간 계획도 직원들이 수용할 수 있도록 배려하여 짜는 것이었다.

첫 번째로 리더들과 현장 직원들의 소리를 듣는 데 집중했다. 직원들의 페인 포인트를 해결하는 문제에 있어서 내가 말을 많이 하는 것은 아니라고 생각했다. 직원들의 얘기를 듣는 데 3개월 이상의 시간을 보냈고, 시스템을 완성할 때까지 말을 하기보다 듣고 문제를 해결해주는 데 몰입했다. 그리고 시스템을 통합하는 이유가 직원들의 사고 리스크를 줄여주고, 퇴근 시간을 안정적으로 보장하고, 나머지 시간을 다양한 방식으로 활용할 수 있게 해주려는 의도임을 잘 알 수 있도록 쉽고 편하게 설명하며 지속적으로 공감대를 형성해나갔다. 직원들과 공감대를 형성하고 설득 과정을 분명히 해야 충분히 좋은 결과를 만들 수 있다. 일을 진행할 때는 방향 설정 외에는 리더들에게 전적으로 권한을 부여했다. 어려움이 생길 때는 코칭을 하는 데 집중했다. 집중하는 기간 동안 밤을 새우는 날에는 표나지 않게 퇴근하고, 간식이나 필요한 것들을 채워주며 격려하는 역할을 했다.

시스템 통합 작업에 3년 가까운 시간이 필요했다. 그동안 내 역할은 들어주고, 필요한 자원을 채워주고, 포상과 보상을 잘해 사기를 높이는 것이었다. 회사가 기대했던 것보다 좋은 결과를 만들어냈기에 특별 승진도 여러 명을 시켰다. 나는 완벽주의 성향이라 내가 모든 것을 주도하는 편인데, 페이롤을 통합할 때는 내가 말을 거의 하지 않았다. 그저 들어주고 지켜보고 격려만 했기에 시스템 통합의 가장 큰 목표였던 직원들의 '워라밸'이 이루어졌고, 탄력 근무제도 도입할 수 있었다.

리더가 자기의 성과를 만들기 위해 일을 할 경우, 성과의 크기도 작고 지속 가능한 구조가 만들어지지 않는다. 직원들의 필요를 찾고,

스스로 주도적으로 일할 수 있는 분위기와 문화를 만들어주고, 그 일을 할 수 있도록 직원들의 역량을 키워주는 것이 리더가 해야 할 책무다. 일을 하면서 느낀 것 중 하나는 직원들의 필요에 대해 공감하고, 그 필요를 잘 채워주기 위해 노력하는 것이 리더의 중요한 역할 중 하나라는 사실이었다. 공감은 상대의 필요를 발견하고, 그 필요를 채우는 과정이 되어야 한다.

스스로 변화하도록 유도한다

내가 서비스 영역을 맡은 후에 조직 상황과 해결해야 할 우선순위를 파악하기 위해 직원들과 면담을 시작했다. 그러나 직원들의 마음속에는 열등감과 패배의식이 있어 무엇 하나 할 수 있는 일이 없었다. 그래서 이들 중 팀장급 이상의 직원들과 많은 대화의 시간을 보냈다. 그들의 생각을 알고, 그들이 변화의 주도자가 되기를 원해 저녁 식사 미팅을 자주 했다. 대표로 부임한 초기에는 하루에 저녁을 서너 번 먹었다. 가장 부정적이었던 한 직원의 경우 열 번이 넘는 미팅 횟수를 기록했다. 그들에게 요구하기보다 그들 스스로 변화의 필요성을 느끼고, 그 변화를 성공시킬 수 있도록 성장의 기회를 줬다. 그 결과 부정적이던 리더들이 변화하기 시작했고, 서비스 혁신을 주도할 수 있었다. 밥을 먹으면서 직원들의 얘기를 들었지만, 무엇을 하라고 강요한 적이 없다. 스스로 생각하고 변화할 수 있도록 변화의 필요성과 그 이유에 대해서만 이야기했다. 소통할 때 가장 먼저 얘기해야 하는 것이 'why'임을 직원들과 대화하며 많이 배우게 되었다. 그리고 개인별 상황에 맞는 공감이 얼마나 중요한지를 깨닫는 시간이 되었다.

조직의 성장에서 가장 중요한 것이 탁월한 인재이며, 이러한 인재를 유지하기 위한 방법 중 하나가 소통의 기초가 되는 공감 능력이다. 인재는 조직 내에서 존중받고 인정받아야 한다. 그러기 위해서는 존중받고 인정받는다는 사실을 잘 전달하고 표현해야 하는데, 그 방법이 그 사람에 대한 공감과 소통이다. 그러지 않으면 거대 조직 속 한 명의 개인은 자신을 수십만 개의 세포 중 하나와 같은 기능적인 존재로 인식하게 된다. 그래서 리더들은 인재들을 주기적으로 만나서 그들의 고민과 업무상의 어려움을 들어주어야 하며, 적극적으로 마음을 나누어야 한다. 그러기 위해서는 자주 만나 프라이빗한 시간을 가져야 한다. 식사를 같이 하거나 틈이 날 때 커피 타임을 가지는 것도 좋은 방법이다.

리더는 성과로 자신을 증명해야 하는 사람이기에 나는 직원들과

한 약속을 철저히 지켜나갔다. 신뢰받지 못하는 리더의 말을 들을 직원은 없었기 때문이었다. 나는 직원들에게 대놓고 얘기했다. 내가 직원들에게 거짓말을 시킨다면 내 말을 따르지 않아도 괜찮다고 했고, 회사를 나올 때까지 그 약속을 지켰다. 어느 해에는, 7년 동안 과장급 승진자가 한 명도 나오지 않았던 조직에 과·차·부장을 한 해에 열 명 승진시키겠다는 당해 목표도 성취해냈다. 그리고 언제든 옷을 벗을 수 있다는 자세로 일했다. 그것이 지금도 직원들이 나를 그리워하면서 연락하는 원인인 듯하다. 그러나 나는 실수도 많이 했기에 그것을 개선할 수 있는 도구와 장치를 많이 만들어두었고, 심지어 매년 종무식에서 1년 동안 가장 잘못한 일 열 가지를 정리해서 온오프라인으로 전직원들에게 고백했다. 그것만이 내가 동일한 시행착오를 범하지 않고 조금 더 성숙한 리더가 되는 길이라 생각했기 때문이다.

배려와 존중이 먼저다

지난주에 택시를 타고 가다 우연히 버스에 있는 광고물을 보고 반성을 많이 했다. 내용은 이랬다. "대학은 갈 수 있겠냐? 라는 공부는 안 하고 게임만 하고 너 나중에 커서 뭐가 되려고. 도대체 누굴 닮아서 공부를……" 과거의 내 모습과 비슷했기에 나에게 주는 반향이 컸다. 버스 광고를 보면서 나와 첫째 사이에 있었던 일이 떠올랐다. 첫째가 중학교 1학년 때 음악에 빠져 학교 공부에 관심이 없는 모습을 보고 이렇게 말한 적이 있다. "너 그렇게 살면 아빠가 나중에 ○○자동차 생산라인에 가게 할 거야." 그것은 아이에 대한 배려나 존중이 없었기에 나온 말이었다. 아이의 희망을 꺾어버리는 그 말에 아이는 엄청난 스트레스를 받았고, 나에 대한 배신감과 아픈 상처가 깊어갔다. 그런 상태에서 아이와 대화를 하면 늘 겉돌았고, 얻으려고 했던 결과는 얻지 못하고 오히려 불신의 골만 깊어져갔다. 그래서 첫째가 고등학교를 졸업할 때까지 사이가 틀어져 대화가 없는 부자지간이 되었다. 나도 아이와의 간극을 줄이고자 하는 노력을 하지 않았고, 아이도 마찬가지였기에 그저 데면데면한 관계가 유지됐다.

어색한 관계가 조금씩 풀어진 것은 아이가 고등학교를 졸업한 이후 내가 먼저 다가가 얘기를 들어주고, 아이에게 부정적인 얘기를 거의 하지 않으면서였다. 화가 머리끝까지 올라와도 참고, 참고, 또 참았다. 그러한 시간이 쌓여가다보니 간단한 스킨십도 가능해지고, 짧은 대화도 할 수 있게 되었다. 소통할 때는 상대에 대한 존중과 이해, 경청이 가장 우선해야 한다는 것을 아들과의 사춘기 전쟁을 치르면서 자동적으로 배우고 깨닫게 된 것이다. 마음이 충분히 녹고, 화해해야 한다고 스스로 생각한 시점이 되었고, 그래서 내가 먼저 사과를 했는데 그 이후에는 대화도 편하게 하는 사이가 되었다. 지금은 일방적으로 대화하지 않는다. 엄청난 고통의 시간을 통해 내 행동이 스스로 교정된 것이다. 과거에 아이들과 대화할 때는 가르치려 하고 내 방식으로만 소통했는데, 지금은 먼저 물어보고, 아이들의 반응을 보고 거기에 맞추어 대화를 이어간다.

대화는 내가 할 얘기가 있더라도 그 얘기를 할 수 있는 때를 기다려야 하고, 먼저 들어주고, 분위기를 맞추고, 그 후에 내 생각을 상대에게 전하는 것이라는 평범한 진리를 깨닫고 있다. 나는 공감을 잘 못하는 사람이기에 나를 반면교사 삼아 나와 같은 실수를 범하지 않았으면 하는 바람으로 이 글을 마무리한다.

———

판단하기 전에 먼저 물어보라

첫째가 2020년 12월에 입대를 했다. 1사단 신병교육대에 2시까지 들어가야 하는데, 아침에 일어나 머리를 깎고 이동하여 오후 1시 20

분쯤 도착했다. 내가 전날, 2시간 전에는 간이 주차장에 도착해야 대화도 하고 격려할 수 있는 여유가 생긴다고 얘기를 했다. 그런데 40분 전에 도착했더니 주차할 공간이 하나도 남아 있지 않았다. 사실 조금 더 먼 곳으로 가면 충분히 차를 세워서 대화하다 아이를 보낼 수 있었는데, 나는 그런 융통성이 없는 사람이었다. 회사 일을 할 때는 수십 번, 수백 번 고민을 해서라도 문제를 해결하는데 개인적인 일에는 그러한 여유도 없고, 고민을 하지 않는 경향이 있었다. 그래서 조금 먼 곳을 찾지 않고 그냥 부대 안으로 차를 몰고 들어갔다. 게다가 감정적인 불편이 있어 군대를 잘 다녀오라는 말 한마디 하지 않고, "빨리 내려"라는 참으로 무정한 말로 신병교육대의 조교에게 첫째를 인계해버렸다. 아이의 상황이나 생각에 대해 한 번도 묻지 않고 차를 돌리고 나오면서, 내 행동을 얼마나 후회했는지 모른다.

자유로를 타고 집에 오는 도중 계속 눈물을 흘렸다. 아내도 무척 마음 아파하는 모습을 보였기에 더 맘이 좋지 않았다. 당시 아내는 암 투병 중이라 나보다 훨씬 고통스러웠을 것이다. 첫째가 군에 간 후에 내가 할 수 있는 일은 다했다. 입대하던 날 잘못한 일에 대한 미안함의 발로였다. 그렇게 시간이 지나 제대를 했고, 제대한 첫째에게 "왜 입대 날에 그렇게 늦게 출발했느냐"고 물었다. 그랬다가 큰 충격을 받았다. 첫째가 당시에 EDM 곡을 작곡하고 있었는데, 그 곡을 아침

11시에 완성한 후에 머리를 깎고 가서 그렇게 늦었다는 것이다. 아침에 왜 그렇게 늦었느냐고 한 번이라도 물었으면 그날 같은 사태는 발생하지 않았을 텐데, 내 방식으로 이해하고 내 방식대로 판단해서 과오를 저질렀던 것이었다.

첫째는 군대에서도 거의 매일 집의 PC에 연결하여 작곡 작업을 지속했다. 그때서야 나는 아이가 얼마나 음악을 좋아하고 음악에 몰입해 있는지를 깨달았다. 제대 이후에도 대학을 가라는 강요를 하지 않았고, 좋아하는 음악에 집중할 수 있도록 도와주고 있다. 무엇보다 아이의 음악 사랑을 격려하고 칭찬해준다. 공감한다는 것이 얼마나 어려운지 알고 있다. 가족 간에도 서로를 이해하고, 격려하고, 힘이 되어주는 것이 어렵다. 그것을 아이가 입대하던 날의 아픔을 통해서도 깨닫고 있다.

―――

자신감이 때로 독이 된다

2010년부터 여러 기관과 중소기업의 멘토로 활동하고 있다. 다양한 경험과 학습을 했기에 작고 의미 있는 곳을 돕고자 하는 마음이 있었고, 멘토로 활동하는 것에 대한 자부심이 있었다. 2010년 이후 다양한 코칭을 하던 중에, 작고 의미 있는 조직을 긴 시간을 통해 바꾸고자 하는 열정이 생겨 스타트업과 소기업들을 돕는 역할을 하게 되었다. 내가 주인공이 되기보다는 그들이 주인공이 될 수 있도록 돕고, 점화 플러그의 역할로 만족하기로 했다. 그리고 15년가량 그 일을 하면서 보람을 느꼈다.

그러나 작은 기관과 기업들을 도우면서 나는 지식인으로서 과한 자부심을 가지고 있었음을 이제야 깨닫는다. 작은 기업들은 필연적으로 경험과 지식이 부족하기에 전문가의 도움을 받는 것인데, 나는 멘토링과 코칭을 하면서 일정 부분 우월감을 가지고 일하고 있었다. 게다가 대부분의 조직에서 돈을 받지 않기에 우월감에 더해 자부심까지 있으니 여러 문제가 생길 수 있었다. 예를 들어 아무리 작은 조직이라도 조직이 가진 어려움은 다양하게 나타날 수 있으나 나는 한두 번의 미팅만으로도 그 조직을 진단했다는 자신감을 가지고 있었다. 그렇기에 처방전을 쓸 때도 거침이 없을 때가 많았다. 복잡한 조직의 이해관계와 사람들의 문제는 고민에 고민을 해야 하고, 전체와 부분적인 상황을 모두 검토해도 해결이 쉽지 않은데, 짧은 지식만으로 판단을 하여 실패하는 경우가 있었다. 사람의 문제는 쉽게 접근해서는 안 되고, 처방전을 쓸 때는 정확히 진단하고, 처방전 이후에 일어날 수 있는 상황을 고려해야 하나 그러지 않아 리스크를 가중시킨 일도 있다.

　멘티 회사의 대표들과 소통할 때도 귀를 열고 있지만, 실제로 듣지는 않고 내가 할 얘기에 집중할 때가 많았다. 그래서 코칭도 정확하지 않거나 내가 경험한 것만 제공할 때가 있다. 코칭에서도 가장 중요한 것이 웜 부팅warm booting이다. 대화를 할 분위기가 만들어지지 않은 상태에서는 진실된 대화가 진행될 수 없고, 그럴 경우 정확한 처방전을 찾아내는 것이 불가능함을 깨닫고 있다. 요즈음 나에게 주어진 과제 중 하나는 멘티들과의 관계에서도 말을 먼저 하기보다는 듣는 데 집중하고, 겸허하고 겸손한 태도를 갖추는 것이라 할 수 있다.

실패하지 않는 공감 도구, 경청

　나는 기업 운영에 대해서는 경영 구루라는 생각을 하고 있기에 조언하는 습관이 있다. 어느 날 그 습관으로 인해 큰 불편이 발생한 적이 있다. 어떤 기관에서 시상식이 있어 참석했다가 식사 후에 잠시 대화의 시간을 가지게 되었다. 그때 어느 회사의 대표가 나에게 회사 경영상의 고민을 이야기했고, 나는 아무런 생각 없이 내가 할 수 있는 처방전을 바로 써주었다. 사실 정확하게 다 듣지도 않았고, 대표가 무엇을 원하는지 묻는 과정도 없이 경험치 처방전을 써내려갔던 것이다. 그러자 그가 크게 소리를 쳤다. "내가 그것을 원한 것이 아니잖아요." 그는 그저 자신의 힘든 상황을 얘기하고 싶었고 누군가 자신의 얘기를 들어주기를 원했는데, 내가 진도를 너무 나가버린 것이었다. 시각 차가 컸다. 나는 바로 내 잘못을 인정하고 사과했지만, 그의 감정은 쉽게 풀리지 않았을 것이다.

그날 가르치려는 습관을 가진 나를 돌아보는 시간을 가졌다. 10년 이상 많은 기관과 기업을 코칭하며 그런 습관이 형성되었음을 발견했다. 그 이후 공감의 원리에서 가장 중요한 귀를 기울여 경청하는 습관을 갖게 되었다. 공감은 먼저 얘기하는 것이 아니라 정확하게 끝까지 듣는 태도에서 비롯된다.

코칭이나 컨설팅에서 무엇보다 중요한 것이 공감이다. 공감이 되어야 소통이 진행되고, 소통이 되어야 코칭을 할 수가 있다. 만약 코칭을 하는 이가 공감 능력이 없다면 코칭 자체에 바이어스가 발생할 수밖에 없으며, 성과를 도출하는 것 자체가 불가능하다. 공감은 상호 연결을 통해 이루어지며 최종적으로 습관으로 연결되어야 최고의 성과를 발휘할 수 있다.

바른 공감의 시작과 끝, 소통

위의 에피소드들을 통해 나는 과거에 내가 공감과 관련해 했던 경험을 있는 그대로 이야기했다. 이런 경험들을 통해 나는 바른 공감을 하기 위해 노력하고 있으며 실제 변하고 있다. 나는 공감이 없는 탑다운 방식의 소통, 즉 일방적이고 권위적인 통보식의 소통에 익숙해 있었다. 그러나 이제는 공감이 없는 소통 방식으로는 절대로 내가 원하는 바를 얻을 수 없다는 사실을 깨닫게 되었다. 그것은 훌륭한 사목과 회사에 있었던 멘토들에게 받은 멘토링의 결과였다. 나는 경영자로서 일하고 있어서 무엇보다 소통이 중요하다는 것, 소통을 탁월하게 해야만 성과를 얻을 수 있다는 것은 내게 기억해야 할 명제였다.

글로벌 기업들에서 가장 중요하게 생각하는 세 가지는 문제해결력, 소통 능력, 팀빌딩team building 능력인데 세 가지 모두가 커뮤니케이션을 기본으로 하는 역량이다. 관리자 또는 직원들과 소통을 잘해야 성과를 만들 수 있고, 직원들로부터 존경받고 사랑받을 수 있다. 소통을 잘하기 위해서는 먼저 공감대를 형성해야 한다. 모든 소통의 시작은 what이나 how가 아닌 why다. why를 통해 공감대가 형성된 후 설득이 가능하고, 그 이후에 직원들은 행동으로 이어가 성과에 집중할 수 있다. 즉 소통의 기본은 공감이며, 그 공감이 제대로 이루어질 때 진정으로 그다음 단계가 진행될 수 있다. 또한 공감의 시작은 제대로, 정확하게 듣는 것이다. 듣지 않고는 감정적인 교류와 공감대가 형성 될 수 없다.

공감을 제대로 하기 위해서 가장 중요한 것은 상대방이 하는 말에 온 신경을 쏟아서 귀를 기울이는 것이며, 상대방의 얘기에 적절하게 반응하는 것이다. 다음은 상대방의 얘기를 듣고 질문을 하거나 내용 을 요약하여 내가 정확하게 알아들었는지 확인하는 것이다. 마지막 으로 상대방의 감정에 공감을 표현하고, 내가 그 얘기를 수용하고 지 지한다는 사실을 밝히는 것이다. 어쩌면 대화를 하는 순간 나는 사라 지고 상대방이 되어 상대방의 입장에서 모든 것을 바라보는 자세가 바로 공감이다. 이러한 공감적 경청법은 서로 간에 신뢰를 높이고, 조 직에 대한 충성심을 높이는 최고의 인간관계법이다.

공감의 일곱 가지 원리

나는 수많은 공감의 시행착오를 겪어왔다. 그러면서 공감을 잘하기 위한 원리에 대해 고민해왔고, 그 원리를 발견했다. 공감을 잘하기 위한 원리에는 어떤 것이 있을까?

첫째, 경청의 원리다. 경청의 원리는 무엇보다 상대방의 말을 끊지 않고 끝까지 들어주는 것이다. 상사이거나 어른이 되면 우리는 말을 자르고 끼어드는 이상한 꼰대적 행태들을 하곤 하는데, 이것은 절대 금지해야 할 첫 번째 원칙이다. 상대방이 끝까지 한 호흡에 다 얘기할 수 있는 자유를 주는 것이 가장 중요하다.

둘째, 다름을 인정하는 원리다. 우리는 상대방에 대한 편견이나 선입견을 가진다. 심지어 그의 사회적인 포지션이나 파워에 따라 상대방을 보는 시각이 달라지고 상대하는 태도가 달라질 수 있다. 그러나 조건을 다 걷어치우고 오직 상대방의 존재 자체에 집중할 때 공감대가 형성되고, 상호 간에 신뢰도가 높아지며 친밀해질 수 있다.

셋째, 공감 능력 극대화의 원리다. 이 원리는 페이스북에서 다양한 감정의 이모티콘을 사용하는 것처럼, 적절한 대꾸와 추임새를 사용해 내가 상대방을 존중함을 나타내고, 자신을 진실하게 드러내는 것이다.

넷째, 판단 금지의 원리다. 대화를 하는 상대가 판단의 대상이 아니라는 사실을 주지해야 한다. 우리는 소통할 때 상대방을 일반화하는 경우가 많다. 그러나 그것은 편견을 만들어내며, 그 편견은 결국 서로를 지치게 하고 적대적인 상황을 초래할 가능성이 크다. 우리의 사고는 경험하고 학습한 것들에서 기인한다. 그러나 그러한 경험과 학습은 한계성을 가지고 있고 객관성이 없을 가능성이 크다. 그래서 어쩌면 계급장을 떼고 세상과 사람을 보는 것만이 시차視差를 줄일 수 있는 방법이다. 아래에 직장인이 공감할 만한 재미있는 사자성어(?)가 있다.

입신양명: **입**사해서 **신**났는데 업무**량**에 **명**줄 짧아짐
순망치한: **순**간 **망치**로 **한** 대 칠 뻔했네
오매불망: **오매** **불**쌍한 내 미래 개**망**

젊은 직장인들에게 유행하는 사자성어를 보면서 웃을 여유가 없다면 조직 내에서 꼰대로 불리거나 권위주의자일 가능성이 큰 관리자다. 빠르게 자신의 시각을 바꾸든지 젊은 직장인의 얘기에 귀 기울이는 태도를 갖추어야 지속 가능한 조직 생활을 할 수 있다.

다섯째, 자존감 회복의 원리다. 감정에도 원심력과 구심력이 작동한다. 원심력의 감정은 방어적 기제에서 나오는 감정으로, 공감에서 점점 멀어지고 분노와 혐오 등 상대를 향한 부정적인 감정이 커지는 현상이다. 그래서 우리는 원심력의 감정이 생기기 전에 나 자신에 대

한 존중과 격려 등으로 구심력의 감정을 회복해야 한다. 사실 잘 공감하기 위해서는 나 자신에 대한 충분한 인정과 신뢰, 존중이 바탕이 되어야 한다. 나 스스로 자존감이 낮을 때 상대에 대한 완전한 공감을 이루는 것은 불가능하다. 그래서 무엇보다 자존감의 회복, 안정감의 회복이 선행되어야 진실된 공감이 이루어질 수 있다.

여섯째, 상대방에 대한 배려의 원리다. 우리는 지위나 권위에 따라 사람을 낮추어 보거나 가르치려는 습성이 많다. 권위주의는 아니더라도 권위를 가지고 사람을 대하는 경우를 자주 본다. 그러나 소통하려는 상대와 눈높이를 맞추지 않는다면 진정한 공감은 이루어질 수 없다. 상대를 존중하는 태도, 상대에 대한 배려가 공감에 필요한 바른 태도다.

마지막으로 공감 연습의 원리다. 일을 할 때 좋지 않은 상황에서 "괜찮아, 당신은 잘할 수 있어요", "다음에 잘하면 됩니다" 같은 얘기를 들었을 때 상대방은 긍정적인 감정이 될 가능성이 크다. 그런데 우리는 왜 부정적인 언어로 상대방의 기분을 먼저 상하게 한 후 대화를 시작하는 경우가 많을까? 나의 경우를 보자. 나는 칭찬에 매우 인색한 리더였다. 완벽주의자이기도 했지만, 칭찬하는 방법을 부모님에게 배우지 못했고, 학창 시절에도 칭찬보다는 벌을 우선하는 선생님들 밑에서 교육받았다. 관리자들이 그런 나에게 칭찬에 인색한 것이 나의 단점이라는 얘기를 많이 해줬다. 그래서 먼저 칭찬하는 습관을 가지기 위해 작더라도 칭찬할 것이 있으면 메모한 후 하나하나 실천하기 시작했다. 처음에는 부끄럽고 어색한 기간이 있었지만 몇 달 후부터는 일상의 작은 칭찬, 상황에 맞는 칭찬을 하는 것이 습관화되었다. 직원들 입장에서도 칭찬에 인색했던 리더에게 칭찬을 들었으니 기분이 더 좋았을 것이고, 이후에는 일에 더 적극적으로 임하는 것을 경험했다. 얘기를 들어주고, 공감을 표시하고, 필요에 따라서는 긍정적인 대응과 칭찬을 해주는 것으로 사무실의 분위기가 많이 바뀌었다.

공감의 확장

공감은 깊이도 중요하지만 넓이의 확장도 중요하다. 그래야만 더불어 사는 사회, 약자를 배려하는 사회, 행복을 키우는 사회로 발전할 수 있다. 감정의 공동체에서 사고의 공동체로 확장하기 위해서는 Pity → Sympathy → Empathy → Compassion의 스펙트럼으로 확장되어야 한다. 확장되기 위한 전제 조건으로 이를 실현할 수 있도록 스스로에게 공감의 에너지를 불어넣는 노력이 필요하다.

공감을 얘기할 때 많이 회자되는 'Empathy'와 'Sympathy'에 대해 알아보자. 'Empathy'는 우리가 이미 알고 있는 '공감'에 해당하는 단어이며, 'Sympathy'는 우리나라 말로 '동정'이라는 의미에 가까운 표현이다. 'Empathy'는 나라는 외부에서 타인의 내부로 파고들어가는 것으로 타인의 감정, 기분, 고통과 함께하는 것을 말한다. 이는 감정을 이해하고 나누는 것으로 호의와 같은 깊은 감정적인 연결, 즉 감정이입을 의미한다. 반대로 'Sympathy'는 타인의 고통과 어려운 상황에 대한 이해를 바탕으로 타인에게 연민과 동정, 안타까움을 보여주지만 직접적인 감정적 공유를 하지는 않는다.

공감의 스펙트럼

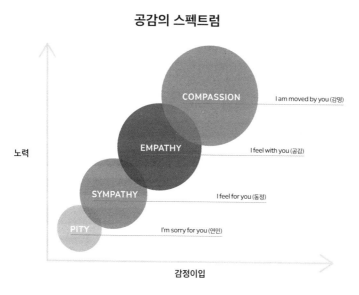

©Nielsen Norman Groups 'Spectrum of Empathy'

나는 사회 문제와 소기업의 문제를 고민하고 해결책을 찾는 역할을 하고 있다. 좋은 해결사가 되기 위해서는 우선 해결책을 정확하게 도출하기 위한 완벽한 경청의 자세가 필요하다. 두 번째는 들으면서 상대방을 이해하고 함께 감정을 나누기 위해 적절한 타이밍마다 리액션이 필요하다. 마지막으로 전체에 대한 정리와 감정의 이입, 문제의 해결을 위한 정리 과정이 필요하다. 공감의 원리에서 지향해야 할 것은 'Empathy'다.

공감은 우리를 연결해주고, 동정은 우리를 갈라놓는다.
Empathy drives connection, and sympathy drives disconnection.

_ 브레네 브라운

MZ 세대와 소통하기

MZ 세대란 2024년 기준 40대 이상의 관점에서 본인들과는 사고관이 많이 다른 젊은 층을 가리키는, 유행어에 가까운 단어가 되었기에 선호하지 않지만 대체할 용어가 없어 사용한다. MZ 세대의 정의는 중요하지 않다. 다만 MZ 세대는 나와는 달리 패배감과 우울감이 많은 세대라는 것이 내 생각이다. 이들은 왜 이렇게 공동의 선을 지향하기보다 개인 중심적인 가치관을 갖게 되었을까? 너무나 치열한 경쟁 속에서 자기 스스로 모든 것을 개척하고 해결해야 한다는 강박관념과, 무엇을 하더라도 부모 세대를 능가할 수 없는 현실이 결합된 결과일 것이다. 열심히 일해도 서울에서 아파트 한 채를 사는 것이 불가능한 시대가 되었고, '영끌'로 투자한 자산들도 코로나19와 경기 악화로 무의미해진 경우가 많아서 생존에 대한 위기 의식이 엄청나게 높아졌을 것이라 예측할 수밖에 없다.

우리 집의 두 아들도 사회 경쟁력은 조금 떨어지나 나는 그것을 개선하라고 요구하지 않는다. 나도 20년 전에는 대학 입학금 외에 어떠한 지원도 하지 않겠다고 결단하고 자녀들이 성장하는 과정에서 그 생각을 반복적으로 주입했지만, 지금은 그 결심을 포기했다. 현 시대에 내 자녀들이 과연 안정적으로 살아갈 수 있을까 생각해보면 불가능하다. 그래서 나는 두 아들이 안정적인 사회 생활을 할 수 있는 구조를 만들어주기로 했다. 이런 결심을 하고 사회에 있는 20~30대를 바라보니 그들이 이해가 되고, 그들을 비판하지 않고 도울 방법을 찾는 데 내 에너지를 사용하고 있다. 5공수 국제평화지원단에 강의를 가는 것도 그 일환이다. 다문화가정, 탈북 청년, 농촌, 장애인, 중소기업을 돕는 데 많은 시간과 자원을 사용하고 있기에 행복하다. 그것이 내가 해야 할 미션이다.

기업에 취업한 젊은 청년들을 보면서도 안타까운 마음과 연민, 도와야 한다는 책임감을 함께 느끼고 있다. 이전에는 청년들에 대해 실력이 없고 책임감이 없다는 부정적인 생각을 가지고 있었지만, 지금은 그러한 마음이 사라졌다. 일부 어려운 처지에 있는 청년 세대는 국가와 지자체가 적극적으로 지원해서 그들의 삶을 지켜줘야 한다. 이들과 소통하고 공감대를 이루기 위해서는 이들이 현재 처한 상황과 이들의 생각을 알아야 하기에 수시로 관련 기사를 읽고, 청년들을 만나 대화를 나눈다. 이는 내가 지난번 '화담,하다'에서 마련한 청년들과의 대화에 나갔던 이유이기도 하다. 청년 세대는 대한민국을 이끌 가장 중요한 자원이며, 이들이 성장할 수 있도록 돕는 것이 586 세대와 같은 시니어들의 임무다. 그날 청년들의 얘기를 들으면서 대한민국에 희망이 충분하다는 생각을 하게 되었다. 그동안 청년들을 만나면 내가 더 많은 얘기를 했다면 '화담,하다'에서 진행한 모임에서는 청년들의 얘기를 듣고 생각하는 시간이 많아서 좋았다. 한 명 한 명의 얘기를 스마트폰에 기록해뒀다. 청년들이 희망이고, 청년들이 대한민국의 미래다. 책을 쓰기까지 나는 청년들을 위해 무엇을 해야 할까 고민했다. 공감의 첫 번째 원리는 잘 듣는 것인데, 잘 들었기에 청년들의 고민과 생각을 더 알게 된, 큰 축복이자 행운의 시간이었다.

모든 공감은 쌍방향이다

공감에 대한 얘기를 할 때 주로 대화를 주도하는 사람이 갖추어야 할 태도나 자세를 얘기하나, 피공감인에 대한 얘기는 많이 보지 못했다. 나는 피공감인이 가져야 할 태도도 중요하다고 생각한다. 피공감인이 갖추어야 할 태도에는 어떤 것이 있을까?

첫째, 공감을 해줄 수 있는 상대를 잘 선별해야 한다. 공감을 잘하는 상사나 리더는 생각보다 적다. 그래서 내 얘기를 잘 들어주고, 공감대를 형성해줄 수 있는 대상을 잘 고르는 것이 내 문제를 해결할 수 있는 첫 번째 길이다.

둘째, 듣는 상대를 배려해야 한다. 물론 공감을 받아야 하는 상황은 맞지만 공감을 해주는 이도 어려운 상황일 수 있으니 만나는 장소와 시간에 대해서도 내 입장만 앞세우기보다 공감을 해주는 이의 상황에 맞춰주는 작은 배려가 필요하다.

셋째, 어떤 경우라도 대화 내용은 비밀로 해야 한다. 대화하고 소통한 내용을 평가하거나 비판하면 안 된다. 그저 마음에 들지 않으면 공감해주는 이를 교체를 하면 되는 것이다.

넷째, 공감해주는 이에게 예의를 지켜야 한다. 공감해주는 이들은 상대적으로 연배나 직위가 높을 가능성이 크다. 그런데 그러한 사람을 대할 때 기본적인 예의가 없는 경우 공감해주는 이들도 다시는 소통하고 싶지 않을 것이다. 또한 대화나 식사가 끝나면 최소한 문자나 카카오톡으로 감사 메시지나 이모티콘 하나 보낼 수 있는 넓은 마음을 가지면 좋겠다. 그것이 공감해주는 이에 대한 예의다.

결론적으로 공감은 소통을 하는 데 가장 중요한 요인이다. 공감은 대화를 하는 어느 한쪽만이 아니라 모두에게 중요한 문제다. 우리는 공감을 통해 상호 신뢰를 높이고, 문제를 해결할 수 있는 가능성을 높일 수 있다. 그래서 우리는 공감의 기술을 알 필요가 있고, 공감을 잘하기 위한 노력을 매일 또 매일 반복해서 훈련할 필요가 있다. 그래야 사회에서 존경받고 사랑받는 존재가 될 수 있다.

인생에는 많은 선택이 놓여 있습니다.
선택의 순간에 어떤 방향으로 도전할 것인가는
청년과 기성세대의 고민이 다르지 않죠.
학교를 졸업하면 시험이 끝나는 것 같겠지만
그때부터 스스로 문제를 내고 답을 찾아야 합니다.

선택

지금 이 순간에 집중하여 최선을 다하는 것

변영삼

서울대 공과대학 금속공학과 학사 및 석사
미국 노스웨스턴대 재료공학과 박사
前) SK실트론 대표이사
2012 대한민국 석탑산업훈장 수상

등대를 찾아라: 먼 미래보다는 가까운 장래를 생각하자

인간의 삶을 학생기, 활동기, 은퇴기로 나눈다면 난 지금 은퇴기에 들어섰다. SK실트론에서 8년간 대표이사로 근무 후 퇴임 통보를 받았을 때, 내 마음은 편안했다. 회사 역사상 최장수 대표이사이다. '지금까지 노력한 결과, 회사는 좋아지고 있고 후배들도 제 할 일을 알고 있으니 이제는 나 없이도 잘될 거야!'라는 생각이 들었다. '앞으로 좀 더 자유롭게 살 수 있겠다!'는 마음의 여유도 생겼다. 그러나 그것도 잠시! 은퇴기를 어찌 지낼지 걱정이 생겼다. 그만큼 미래는 불확실하고 선택의 부담을 제공한다.

지금의 걱정을 잠시 접어두고, 나의 학생기와 활동기를 되돌아본다. 중고등학교 시절에는 인생의 목표가 '좋은 대학'을 가는 것이었다. 나는 학생 때 모범생으로 살아서 집과 학교를 거의 벗어나지 않았고, 엉덩이를 책상 의자에 오래 붙이고 있었다. 등하교 길에 마주치는 예쁜 여학생을 보고도 사귀어보고 싶다는 마음뿐, 실행으로 옮기지는 못했다. 74년 고교 입시에서 대구의 명문 경북고등학교를 들어갔고, 대학 입시 첫해에 서울대학교에 들어갔다. 옆눈을 좀 돌렸으면 결과가 어찌 되었을까?

이렇게 들어간 대학교 1학년 때, '앞으로 뭘 하지?'라는 생각이 들면서 미래에 대해서 심각하게 고민했다. 계열 입학이었기 때문에 2학년 올라가면서 전공을 선택해야 했는데 도통 공부가 되지 않았다. 이학과 공학이 포함된 계열이었으므로 선택 가능한 학과가 17개는 되었다. '무엇이 될래? 앞으로 어떤 일을 할래?'라는 구체적인 고민이 적었으므로 선택지가 많을수록 혼란스러웠고 마음을 정하지 못했다. '아인슈타인 같은 탁월한 과학자가 될 수는 없겠다'는 생각은 일찌감치 했지만 사회에 도움이 되는 사람이 되어야겠다는 생각은 있었다.

　이전부터 알고 지내던 정유 회사 부장님을 찾아 뵙고 상의를 드렸더니, 앞으로는 재료가 중요해지는 시대로 접어들 것이라고 말씀하셨다. 우리나라 70년대에는 정유, 조선, 중동 건설 등이 주요 사업이었으므로 화공, 기계/조선, 토목/건축이 각광받던 시대였음을 고려하면 의외의 추천이었다. 전자공학에도 관심이 있었지만 학점과 부장님의 조언을 감안하여 금속공학을 전공으로 선택하였다. 나의 첫 번째 등대는 금속/재료 공학이었다.

　전공을 선택하고 나니 집중력이 생기고 공부가 다시 재미있어졌다. 금속/재료 공학은 물질의 마이크로한 구조와 물성의 관계를 규명하는 학문으로, 무언가를 집요하게 파고들어가는 나의 성격과도 잘 맞아떨어졌다. 재료 분야의 대표 산업은 산업의 쌀로 불리는 철강이고, 그 당시 포항제철이 국내 핵심 기업으로 성장하고 있었다. 그래서 대학 졸업 후 대학원에 진학해서 철강 관련 연구를 하였다.

대학 입시 때부터 부모님, 특히 어머니는 내가 의사가 되기를 희망하셨다. 내 뜻을 세워서 공과대학을 갔으니 부모님은 '곧 회사에 취직해서 돈을 벌겠거니' 하셨는데, 부모님의 예상을 깨고 나는 미국 유학길에 올랐다. 한국의 80년대는 반도체 산업이 서서히 일어나는 시기였기 때문에 미국에 가서 반도체 재료 연구로 방향을 바꾸었다. 나의두 번째 등대는 반도체 재료 연구였다.

박사학위를 받을 즈음에 다시 선택의 기로에 섰다. 박사학위를 받으면 많은 이들이 교수직이나 연구직에 취업을 하는 분위기였다. 박사과정 연구를 수행하면서 혼자 특정 분야를 연구하는 것에 대한 한계와 회의를 느꼈다. 그래서 박사후 과정을 포기하고 'LG반도체'에 입사했다. 내가 선택한 입사 조건이 회사의 연구소가 아니라 생산 현장을 가는 것이었다. 나의 뜻과 회사의 필요가 맞아떨어져서 빠르게 입사가 결정되었다. 회사에서 동료들과 함께 일하는 것이 재미도 있고 성과도 짧은 시간 내에 볼 수 있을 거라는 기대를 가지고 귀국 비행기를 탔다. 나의 세 번째 등대는 반도체 사업에 종사하는 것이었다.

나의 세 가지 등대, 재료/금속, 반도체 재료, 반도체 회사는 나의 성격과 잘 맞아떨어져서 나의 활동기를 이끌어주었다. 마이크로 세계에 대한 흥미와 사람들과 더불어 일하는 것에 대한 재미가 어우러져서 좋은 성과를 낸 것이다. 먼 미래의 모습만 상상하면 당장에 내가 해야 할 일을 제대로 택하지 못한다. 따라서 지금 이 순간 나를 이끄는 생각에 집중하여 선택하면 앞으로 나아가는 힘이 생긴다. 스스로 그러한 생각을 정리하기 어려우면, 주변에 조언을 해줄 만한 사람을 찾아 상의해본다면 훌륭한 등대를 찾을 수 있으리라 믿는다.

나의 현재를 다시 생각한다. 퇴임 이후, '난 이제 무엇을 해야 하나?'라는 생각이 꼬리에 꼬리를 물고 있다. 수명이 길어져서 은퇴기도 길어졌는데, 어영부영 보내다보면 나이가 더 들어서 후회하게 된다는 이야기를 주변에서 듣게 된다. 이러한 불안한 마음이 아직 남아 있지만, 이 글을 쓰기 시작하면서 나의 은퇴기에 미래를 어떻게 준비해야 하는지도 점점 정리되어간다. 결론적으로 '하고 싶고, 잘할 수 있는 것'에 집중하자는 것이다.

함께 가야 멀리 간다: 리더십과 팔로워십

사회 생활을 하면서 가장 흔하게 듣는 이야기가 리더십에 관한 것이다. 대통령을 포함한 정치인이든 기업의 장이든 높은 지위에 있으면 그 사람의 리더십은 항상 평가를 받게 된다. 왜냐하면 리더의 생각에 따라 조직의 움직임이 바뀌기 때문이다. 방향과 속도가 모두 바뀐다.

내가 리더십에 관해 처음으로 생각한 것은 반도체 회사에 입사하면서부터다. 취직을 하기로 결정한 제일 큰 이유가 사람들과 함께 가시적인 성과를 만들어내겠다는 결심이었지만, 입사와 더불어 초급 관리자의 직급을 받고 보니 함께 일하게 될 사람들과의 관계를 어떻게 만들어가는 것이 좋을지 고민하게 되었다. 그래서 책방에 가서 리더십 책을 사서 보았는데 지금 기억에 남아 있는 직접적인 가르침은 없다.

최근 인문학 수업에서 알게 된 고전 리더십은 페르시아를 통일시킨 키루스 대왕의 리더십이다. 그리스의 철학자 크세노폰은 플라톤과 동시대 철학자로서 플라톤과 함께 소크라테스의 제자 중 한 사람이다. 크세노폰이 리더십에 초점을 맞추어서 저술한 책이 《키루스의 교육》이다. 키루스 대왕이 전쟁터로 나아갈 때, 장교들에게 '부하 병사들보다 한발만 앞서 나아가라'고 지시했다는 내용은 내 머릿속에 깊게 남아 있다. 키루스 대왕은 부하 병사들과 함께 가야 전쟁터에서 이길 수 있다고 가르친다. 키루스 대왕의 리더십을 60이 넘어서 알게 되고 공감하였는데, 만일 30대에 이를 접했다면 내게 어떤 영향을 미쳤을지 궁금하다.

누구든 조직 생활을 하면서 부하 사원과 함께 일한다면 그는 리더이고, 자신의 리더십 스타일을 선택해야 한다. 1934년 독일 출신 미국 심리학자 쿠르트 레빈은 리더십을 권위주의형, 참여형, 위임형 등 크게 세 가지로 구분하였다.

권위주의형(독재형): 리더는 정확하게 지시하고 의사결정이 중앙 집중식이다.

참여형(민주형): 리더는 협력을 권장하고 그룹이 의사결정을 한다.

위임형(자유 방임형): 리더는 관여하지 않고 그룹이 의사결정을 한다.

이중 나는 참여형(민주형) 리더라고 생각한다. 어려운 의사결정을 할 경우에는 관련 전문가들이 모두 참여하는 WGWG(와글와글의 알파벳 이니셜) 미팅을 자주 열었다. 계급장 떼고 격이 없는 토론 환경을 조성하여 현상 분석과 대책 수립의 정확도를 높이려고 노력하는 스타일이다.

일상 업무에서는 정보를 공유하고 목표를 명확히 하는 데 초점을 맞추었다. 회사 생활을 시작한 90년대 초는 아직 사무 자동화가 진행되지 못한 시절이었다. 따라서 주요 정보는 종이 문서에 의존하고 있었다. 기술 문서든 회사 정책이든 수기 혹은 인쇄된 종이 문서로 생성되고 전달되었다. 회의 시간은 업무 목표를 정하면서 한편으로는 중요한 정보를 공유하는 시간으로 이용하였다. 실무자들은 예나 지금이나 항상 시간에 쫓긴다. 따라서 복잡한 기술 문서는 요약해서 설명해주는 것이 일의 효율성을 극대화하는 지름길이었다. 해야 할 일이 끝나면 정시 퇴근하는 문화도 만들었다. 지금은 일하는 문화가 바뀌어서 상사가 있어도 '퇴근하겠습니다!' 하고 나갈 수 있지만, 당시는 상사 눈치를 보던 시절이었다. 일이 잘 풀리면 정시 퇴근을 권장하였다. 요즘 세대에도 먹힐 수 있는 전략이지 않을까?

성과가 나지 않는 사원과는 나머지 공부도 했다. 데이터 수집부터 분석 방법까지 지도하면서 정리해주었다. 김성근 감독의 '펑고fungo'라고나 할까? 경기 중에 수비에 부족한 점을 보이는 선수에게 시합 후에 시키는 특별 수비 훈련이 '펑고'인데, 김성근 감독은 다른 감독에 비해 특히 심하게 시켰다. 일부 야구 팬들은 김성근 감독이 선수를 혹사시킨다고 비난도 했지만, 김 감독은 "펑고는 선수들을 교육하고 육성하기 위한 방편이었고, 선수의 미래가 교육에 달려 있다"고 최근 간행된 그의 저서 《인생은 순간이다》에서 설명하고 있다. 나와 함께 나머지 공부를 한 사원이 지금 어디서 무얼 하고 있는지 궁금하다.

올바른 리더의 마지막 행동은 리더십 스타일에 관계없이 다음과 같아야 한다. '잘된 것은 부하 덕, 잘못된 것은 내 탓!' 즉 잘된 결과를 자기 몫으로 과대 포장하거나, 잘못된 결과를 부하 탓으로 돌리는 리더는 리더십을 발휘할 수 없다.

한편, 리더십 못지않게 회사 생활에서 중요한 것이 팔로워십이다. 최고 경영자가 되기 전까지는 항상 상사가 있다. 팔로워십이라고 하면 속된 말로 '딸랑딸랑'을 생각할지도 모르지만, 팔로워십은 사실 좀 더 고차원적인 것이다. 리더의 가려운 곳, 즉 어려워하는 것을 잘 파악하고 그에 관한 정보를 제공해줌으로써 리더가 올바른 판단을 하도록 도와주는 것이 팔로워십의 핵심이다. 내가 반도체 회사에 근무하던 시절에 일본의 기술협력 회사에 출장을 다닐 때에는, 나의 출장 목적인 기술적인 협의뿐만 아니라 사업 관점에서의 착안점을 착실히 파악하여 임원에게 정리 보고하였다. 임원의 정확한 사업 판단을 지원하기 위한 행동이었다.

2008년 실트론으로 이직하였을 때의 이야기다. 실트론에 부사장으로 부임한 초기에는 아직 실트론의 사업에 익숙하지 않았다. 기술적인 이슈나 고객 불만이 발생한 경우, 전체 맥락을 충분히 이해하지 못하는 것은 당연했다. 그때마다 실트론의 고참 상무가 자초지종을 설명해주어 내가 해야 할 일을 생각하게 해주었다. 그의 팔로워십이 내가 실트론에서 제대로 일하는 데 큰 역할을 하였다. 그는 지금까지도 SK실트론의 발전을 위해 기여하고 있다. 역지사지易地思之의 사상을 가지면 리더십만큼이나 팔로워십이 잘 이루어질 것이고, 상사로부터 신뢰를 얻을 수 있다.

팔로워십에서 어려운 것은 상사와 업무 진행 방식이 많이 다른 경우이다. 이럴 경우 조직은 방향성을 잃고, 구성원들은 눈치만 보게 된다. '누구 말을 들어야 하나?' 이럴 때는 어렵지만 상사와의 대화를 통해서 본인의 의견을 충분히 제시하고 의견을 조율하는 과정이 필요하다. 상사와 의견이 다른 상황에서 자기 의견을 상사에게 이야기하지도 않고, 상사 지시를 따르지도 않는 행동은 최악이다. 결국 리더는 아래와 위를 모두 보살피는 슈퍼맨이 되어야 한다.

호기심 천국: 관심은 문제해결의 출발점

'김밥천국'이 있다. 가볍게 식사를 할라 치면 '김밥천국'을 찾는다. 선택의 천국이다. 나의 별명 중 하나가 '호기심 천국'이다. 관심의 천국이다. 일상 생활에서도 새로운 걸 보면 바로 네이버를 찾아보는 게

나의 습관이고, 회사 일을 하는 과정에서도 '나의 지식'과 다른 특이점이 발견되면 거침없이 질문을 던진다. '그건 왜 그런가요?' 이 질문은 부하 사원들이 가장 싫어하는 질문이다. 왜냐하면 답을 제대로 못하면 실력이 없다고 낙인이 '찍힐까봐' 걱정이 되는 것이다. 이 질문을 싫어하는 또 다른 이유는 새로운 일거리가 생기기 때문이다. 특이점을 이해하려면 새로운 자료를 (1)수집하고 (2)정리하고 (3)생각해야 한다.

상사 입장에서도 질문하기가 쉽지 않기는 마찬가지다. '그것도 모르면서 그 자리에 앉아 있나?'라는 뒷담화가 걱정되어 아는 척하고 넘어간다. 나는 《논어》에 나오는 '불치하문不恥下問'을 자주 인용한다. 쉽게 해석하면, '나도 모르는 게 있어요!'라고 밝히기를 두려워 말라는 것이다. 내가 질문한 특이점은 이미 알려진 사실이나 내가 모르고 있는 것일 수도 있고, 지금까지 잘 알려지지 않은 것일 수도 있다. 나만 모르고 있었던 사실이라면 내가 앞으로 올바른 판단을 하는 데 도움이 될 것이다. 반면에 지금까지 알려지지 않은 것이라면 모두 모르는 게 당연하다. 이러한 질문과 대답 속에 지금까지 이해하지 못한 현상을 설명할 단서를 찾을 수 있다면 그 사업이나 기술은 새로운 지평을 넓혀나갈 수 있으리라.

조금 기술적인 이야기를 하자면, 새로운 자료를 수집하는 방법은 크게 두 가지가 있다. 첫 번째는 현장 데이터를 수집하고 분석하는 것이다. 두 번째는 우위에 있는 경쟁사 제품이나 정보를 분석하는 것이다. 현장 데이터 수집에서 정보자동화가 제대로 이루어지지 않은 시절에는 데이터를 수작업으로 잘 처리하는 기술자가 능력 있는 기술자였다. 하지만 최근에는 정보자동화 수준이 높아져서 현장 데이터는 이전에 비해 훨씬 쉽게 수집하고 정리할 수 있도록 발전하였을 뿐만 아니라, 실시간 분석 기술 역시 눈부시게 발전하고 있다. 따라서 관심만 제대로 가지면 큰 문제를 사전에 예방할 수 있고 새로운 발견과 발명이 나올 수 있다.

두 번째 방법인 경쟁사 제품이나 정보를 분석하는 것은 사내 정보 취득에 비해서 장벽이 높다. 그러나 기업의 경쟁력을 지속적으로 향상시키기 위해서는 어렵더라도 게을리하지 않아야 할 중요한 일이다. 내가 90년대 청주에서 반도체 회사에 근무할 당시, 청주의 생산성이 일본의 기술 제공 회사보다도 높은 수준을 달성하여 수익성을 최고로 끌어올렸다. 나중에 들은 이야기로는, 그 당시 업계 1위를 달리던 국내 경쟁 회사에서 청주 공장을 벤치마킹하였다는 것이다. 그 이야기를 듣고 무릎을 쳤다. '아! 내가 안일했구나! 나만 잘하면 된다고 생각했지 더 잘하는 곳을 공부하려는 노력을 하지 않았네?' 그 깨달음 이후에는 경쟁사에 대한 분석 작업을 꾸준히 진행하였다. 사업

할 때는 항상 경쟁의 상황을 잊어서는 안 된다. 업계에서 최고가 될 때까지, 아니 최고가 된 뒤에도 경쟁사의 움직임을 적극적으로 분석하여 자기 회사의 경쟁력을 높일 수 있는 방향과 방법을 찾아야 한다. 관심이 항상 새로운 길을 열어주고, 신제품 개발, 기술력 향상, 품질 개선, 새로운 고객의 개척으로 이어지는 것이다.

———

몰입: 빠지면 나올 수 있다

우리 머리에는 항상 오만 가지 생각이 흐른다. 그 흐름을 잘 조절하면 문제는 해결된다. 어려운 문제일수록 거기에 빠지지 않으면 해결 가능성은 낮아진다.

반도체 제조 과정은 수백 개 공정의 조합으로 이루어져 있으므로 문제가 생기면 원인을 찾아내는 것이 무척 어렵다. 청주에 근무할 당시 몇 번의 심각한 문제를 경험하였고, 이를 해결해야 할 책임을 지고 있었다.

신규 공장을 건설하고 처음으로 웨이퍼(반도체 제조의 원재료)를 투입하여 제조 과정을 마친 결과, 요구되는 특성이 나오지를 않았다.

막대한 투자를 집행하였지만 공장을 양산 체제로 전환할 수가 없었다. 이 문제의 원인을 알아내기 위해서 물리적 분석과 전기적인 측정을 다양하게 진행하였지만 원인을 특정할 수가 없었다. 여러 날 늦은 시각까지 동료들과 분석 작업을 진행하였다.

며칠 뒤 아침 출근 준비로 샤워를 하는 동안, 머릿속에서 문제의 근원이 서서히 정리되고 있음을 알아차렸다. 출근하여 문제의 근원으로 판단되는 공정의 진행 조건을 살펴보니 '공정 사양서' 작성에 오류가 있음을 확인할 수 있었다. 문제의 공정을 제대로 진행한 제품의 잔여 공정을 신속히 진행하여 특성을 측정한 결과, 올바른 제품이 나오는 것을 확인하였고 본격적인 양산에 돌입할 수 있었다.

그러한 경험을 한 후, 한참이 지나서야 알게 된 것이 '몰입'의 중요성이다. 어떤 문제를 깊이 고민하면 우리의 뇌는 잠자거나 긴장이 이완된 상태에서 문제를 풀어준다. 몰입을 학문적으로 잘 정리한 학자가 미하이 칙센트미하이 박사이다. 한국에서는 대학 동기인 서울대 황농문 교수가 전문가이다. 그의 저서로 《몰입》이 있다.

몰입 상태가 되려면 단일한 목표를 택하고 그 목표를 이루기 위해 반드시 자신의 능력의 한계까지 스스로를 밀어붙여야 한다. 신규 공장 불량을 해결하는 시점에 나를 포함한 여러 명의 엔지니어들이 며칠간 밤낮없이 현상 분석에 매달렸기 때문에 나 자신이 몰입에 가까운 상태에 접근하였고, 나의 뇌는 스스로 문제를 풀어주었던 것이다. 이후 나의 긴 회사 생활 동안 크고 작은 많은 문제들에 부딪혔지만, 풀지 못하고 넘어간 것이 한 건도 없다. 그 바탕에는 문제를 꼭 해결해야겠다는 강한 집념과 몰입이 있었기 때문이라고 생각한다.

자신을 항상 몰입 상태로 몰아넣으면 정상적으로 생활하기는 어려울 것이다. 더구나 지금의 MZ 세대는 일과 개인 생활의 균형을 중요시하므로 시간적으로 집중력을 발휘하기가 쉽지 않을 수도 있다. 하지만 중요한 문제를 해결하기 위해서는 집중력을 발휘해야 한다. 문제에 흠뻑 빠져야 거기에서 빠져나올 수 있다.

능동적 선택: 변화를 두려워하지 마라

인생은 단 한 번에 끝나는 일인극이므로 항상 미래를 생각하면 걱정이 앞서고, 선택의 순간이 오면 두려워진다. 잘해야겠다는 욕심 때문이다. 선택의 순간에는 담담한 마음으로 결정하자.

박사학위를 받고 한국 반도체 회사에 입사했을 때, 주변 사람들은 '저 사람은 얼마나 있다가 학교로 갈까?' 생각했단다. 그 당시 외국 학위를 받고 회사에 입사한 사람들 중 상당수는 학교로 가기 위한 징검다리로 회사를 이용하였던 것이다. 하지만 나는 학위를 마치는 시기에 여러 선택지 중에서 회사로 방향을 잡았기 때문에 거침없이 앞으로 나아갈 수 있었다.

2003년에는 메모리 반도체 회사에서 파운드리(반도체 위탁 생산) 회사로 이직하게 되었다. 현 직장에서 상사로 있던 분이 나를 그 회사에 소개해줘서 연결이 되었다. 생각 끝에 이직하였다. 첫 이직이었다. 같은 반도체 분야이기는 하지만 기술과 사업 속성이 메모리 반도체 회사와는 다른 곳이라 처음에는 걱정이 앞섰다. 어느 날 점심 식사 후 화장실에서 양치질하며 내게 자문했던 기억이 아직도 생생하다. '여기서도 잘할 수 있을까?'

이때 나의 전략은 겉핥기식의 업무 파악이 아니라 본질을 파악하려는 노력을 꾸준히 경주하는 것이었다. 이를 위해서는 함께 일하는 동료들과 소통을 진솔하게 하는 것이 핵심이었다. 사람과의 소통에 두려움이 없는 나의 특질은 변화의 순간에도 힘을 발휘하였다. 파운드리 사업에서의 핵심 역량이 파악되고 이를 강화해나가니, 사원들의 업무 집중력이 높아지고 서서히 성과가 나오기 시작했다. 당연히 사원들 간의 일체감도 높아졌다. 이때 얻은 별명이 뒤에 이야기할 '변대리'였다.

파운드리 회사에서 5년 근무 후, 반도체 소재인 실리콘 기판 제조 회사 실트론(지금의 SK실트론)으로 옮기게 되었다. 이때도 이전 메모리 반도체 회사의 상사로부터 이직 제안을 받았다. 메모리와 파운드리 회사에서 반도체 소자를 만드는 일에 집중하다가 반도체 소재 회사로 옮기니 역시 신세계였다. 실리콘 기판을 만들어내기까지의 과정은 반도체 소자를 만드는 것과는 전혀 다른 공정과 장치를 이용하게 된다. 본부장이라는 높은 직급이었지만, 일의 본질을 파악하기 위해서는 임원뿐만 아니라 담당 엔지니어 혹은 현장 작업자와의 소통도 마다하지 않았다. 그렇게 실리콘 기판 제조 기술을 파악해나가니, 직원들이 잘하고 있는 부분과 부족한 부분이 명확히 보였다. 잘하고 있는 부분은 당연히 격려해야겠지만, 부족한 부분에 대해서도 문제해결의 실마리를 꼭 찾을 수 있을 것이라는 자신감을 심어주기 위해 지원과 격려를 게을리하지 않았다. 현장에는 현장 관리에 신新 TPM^Total Productive Maintenance 사상을 심어주었고, 기술개발팀에는 CFT^Cross Functional Team 활동을 통해 부서 간 협업의 중요성을 일깨워주었다. 이전보다 더 단단해진 실트론을 보면, 어려운 선택이었지만 좋은 선택이었다는 생각이 든다.

선택과 변화의 순간에는 불안감이 생길 수밖에 없다. 불안감을 자신감으로 바꿔치기하기 위해서는 디테일에 집중하고, 성과를 만들고, 그 성과를 동료들과 함께 나누어야 한다. 이러한 과정을 반복하면서 일이 힘들다거나 지겹다는 생각을 물리칠 수 있다. 모든 선택이 나의 자발적인 결정이었기 때문이리라.

사람들은 주인의식을 가지고 일을 하란다. '주인' 입장에서는 좋은 이야기이지만, 주인이 아니면 주인의식은 생기지 않는다. 특히 '주인'의 각별한 배려가 있지 않으면! 그러면 우리는 '종'으로 살아가야 하는 것일까? 나는 실트론에서 근무하는 동안 이 화두를 깊이 생각하게 되었고, '주인'이 아닌 사람들이 가져야 하는 생각은 '주인공' 의식이라는 결론에 도달했다. 예를 들면, 야구 선수는 야구 구단의 '주인'은 아니지만 그 팀의 '주인공'은 될 수 있는 것이다.

'우리는 넘버 원! 내가 주인공!'

실트론 근무 시절 내가 만든 회의 시작 구호다. 우리가 추구하는 일에서 주인공이 되려는 노력은 좋은 성과로 이어질 것이다. 주인공이 되는 것도 나의 선택이다.

시험 끝? 출제 시작!:
사회 생활은 스스로 문제를 만들어서 풀어가는 과정

학교 졸업 후 직장에 들어가면 지긋지긋한 시험과는 이별이라고 생각하기 쉽다. 학생 시절 선생님과 교수님이 내어주는 시험은 무수히 보아왔고, 입시 및 취업 시험까지 합쳐보면 시험은 학습기 생활의 주업이었다. 따라서 취업을 하게 되면 모두 '아하, 이제 나는 시험을 보지 않아도 되겠다'는 안도감을 느낄 수 있다.

틀렸다! 임원 시절 신입 사원에게 가장 많이 해준 이야기 중 하나가 시험에 대한 이야기이다. 회사 생활에는 공식적인 시험이 없을 뿐이다(사실은 어학 점수를 따거나, 기타 회사가 요구하는 자격을 따기 위한 공식적인 시험이 남아 있다). 나는 사회 생활 자체가 시험의 연속이라고 생각한다. 단지 시험 문제를 선생님이나 교수님이 내어주는 것이 아니라, 나 스스로 시험 문제를 출제해야 하는 것이 다를 뿐이다. 즉 문제를 만들고 풀어가는 과정이 사회 생활의 일상이다. 다만, 사회 생활에서의 '문제'가 어려운 점은 항상 무엇이 문제인지 모르는 경우가 많다는 것이다. 즉 해결해야 할 결정적인 요소를 모르기 때문에 문제를 만들지 못하고 해결하지 못하는 것이다. 문제의 본질을 잘 정리하고 해결해야 할 과제를 도출해서 개선해간다면 문제는 풀린다. 잘 안 되는 어려운 곳에 '시험 문제'가 숨어 있다.

반도체 재료 회사인 실트론에서 중요한 공정 중 하나가 '결정 성장 crystal growth' 공정이다. 내가 실트론에 부임하였을 때 실트론의 많은 사람들이 결정 성장은 기술이 아니고 예술이라고 말했다. '기술을 예술이라고 이야기한다면, 우리는 그 기술을 아직 모르는 것'이라고 나는 단언하였다. 그 후 예술이란 단어는 기술개발 그룹에서는 사라졌다. 결정 성장 기술을 분석해보니 바람직한 결정 성장의 모습은 설정되어 있었지만, 이를 실현하는 장치 제어 기술이 아직 미진함을 알아차렸다. 이 기술의 전문가를 회사 내에서 수소문해보았지만 능히 해낼 역량을 가진 선수가 없었다. 결국 눈을 돌린 것이 대학이었고, 경북대학교 공과대학에 이러한 기술을 가진 교수님이 있다는 걸 알게 되었다. 교수님을 찾아뵙고 우리 회사의 문제점을 말씀드렸더니 해결할 아이디어가 있다고 말씀하셨다. 교수님과 산학 과제를 만들고 회사 내 결정 성장 공정 및 장비 전문가들과 팀을 꾸려서 개선 작업을 시작하였다. 결정 성장 과정을 예술에서 기술로 끌어오는 데 무려 8년의 시간이 소요되었다. 하루아침에 모든 것을 해결할 수 없을 정도로 복잡한 공정이었기에, 교수님 지도를 받아가며 공정에 영향이 큰 요소부터 차근차근 풀어나가는 작업을 회사 전문가들이 진행하였다.

그 결과 결정 성장 공정에서 기술적으로 의도한 결정 품질을 이전보다 훨씬 쉽게 그리고 반복적으로 만들어낼 수 있게 되었다. 따라서 품질과 더불어 생산성까지 함께 올라간 것은 당연한 결과였다.

다음은 '눈에 보이는 관리'의 사례이다. 동부반도체에서 근무하던 시절의 이야기이다. 동부반도체는 파운드리 사업을 하는 회사다. 파운드리 사업은 고객에게 필요한 제조 기술을 가지고 있어야 함과 동시에 고객이 요구한 납기를 지키는 것이 중요하다. 수율과 함께 납기가 고객에게 약속하는 핵심 지표이다. 이를 달성하기 위해서는 '먼저 투입된 제품이 먼저 작업이 이루어져야first in first out'(FIFO) 일정한 납기를 달성할 수 있다. 지금의 첨단 반도체 공장에서는 개별 공정 진행 시 생산 제품별 우선순위가 매겨져 자동으로 작업이 진행되지만, 예전에는 생산 현장에서 작업자가 선택하고 진행하는 수준이었으므로 작업자의 편의성 위주로 진행되고 진행 순서가 뒤죽박죽이 되는 경우가 허다했다. 이런 문제를 해결하기 위해서 모든 현장 제품의 통합 진도표를 그래프로 구현하였다. FIFO가 현장에서 제대로 진행되고 있다면 제품 진도 그래프는 일직선으로 나타나게 만들었다. 직선에서 벗어난 제품은 작업 순서를 지키지 않은 것이고 납기를 맞추지 못할 가능성이 있으므로, 현장 관리 수준을 높여서 진행 속도를 더 내도록 했다.

이렇게 우리가 업무 중에 마주치는 모든 문제에는 근본 원인이 있다. 이를 찾아내서 해결하는 것이 회사 생활의 일상이다. 그러므로 사회로 진출하면 학창 시절보다 훨씬 어려운 길로 접어들었다는 것을 알아야 한다. 이제는 스스로 문제 만드는 노력을 많이 하자!

머리 쓰기, 몸 쓰기: 배움은 젊을 때 효과가 높다

나의 학생기에는 학교 공부 외에는 다른 걸 배울 기회가 적었다. 물론 그때도 부유한 집안에서는 피아노 강습도 받았지만 말이다. 국민학교(지금의 초등학교) 6학년 때, 음악 시간에 녹음된 악기 소리를 들으면서 어떤 악기인지 답을 적는 시험이 있었다. 그때까지 음악 시간에 들은 풍금 소리밖에 알지 못한 나로서는 난감하였다. 속된 표현으로 찍기를 할 수밖에 없었다.

사회 생활을 하면서 새롭게 배운 것은, 외국어로는 일본어와 중국어가 있고, 음악이나 스포츠 관련해서는 노래, 플루트, 피아노, 수영, 골프, 스키 등이 있다. 먼저 머리 쓰기의 사례로 외국어 공부와 노래 공부를 들어보겠다.

유학을 마치고 LG반도체에 들어갔더니, 회사가 일본 회사와 기술 협약이 되어 있었다. 그러다보니 일본 경영진이나 기술자와의 교류가 많았다. 당시 회사 초년생인 나는 일본 기술자들과 교류할 일이 많았는데, 일본 사람들은 한국어는 물론 영어에도 익숙하지 않은 경우가 대부분이었다. 회사에서 제공하는 아침 일본어 수업을 열심히 듣고, 개인 과외 수업도 들었다. 1년이 지나고 회사에서 일본 기술자들과 함께 하는 회의 석상에서 일본어로 발표를 하였다. 그 당시 함께 했던 일본 경영자가 '무슨 말인지 대충은 알겠다'라는 평가를 했다. 일본 출장 때에는 TV 뉴스 혹은 이정표를 보면서 일본어를 꾸준히 공부한 결과 지금도 일본어로 회의를 하거나 일상 생활에서 소통하는 데 어려움이 없다. 그때 내 나이가 30대 중반이었다.

50대 중반에 회사 대표이사가 되어 해외 출장이 잦아졌다. 중국계 회사 방문 시 중국어로 직접 소통해볼 요량으로 개인 교습을 받았다. 2년 동안 받았지만 돌아서면 잊어버려서 진도가 더디게 나갔다. 결국 중도 하차하였다. 물론 한국 사람의 학습 용이성은 중국어 대비 일본어가 확실히 높다. 일본어와 한국어는 어순이 거의 같고, 특히 산업혁명 이후에 만들어진 명사들은 일본에서 들여왔으므로 한자어 표현이 같은 것도 많다. 그러나 내가 생각하기에는 좀 더 젊을 때 중국어에 도전했다면 일상 회화에서의 한계를 극복할 수 있었을 것이다. 지금이라도 다시 시작하면 더디더라도 좋아질 것임에는 틀림없지만.

나이에 따라 머리 쓴 성과의 차이가 나는 또 다른 예는 노사연의 노래 〈만남〉과 〈바램〉을 배우는 과정이다. 〈만남〉은 1989년, 〈바램〉은 2015년 발표된 곡이다. 노사연의 구수한 목소리와 두 곡의 반듯한 가사가 좋고 빠르지 않은 곡들이어서 지금도 애창곡으로 부르고 있다. 그러나 이 곡들을 내 노래로 만드는 과정은 판이하게 달랐다. 〈만남〉은 30대 중반에 알게 된 노래인데, 몇 번 연습하고서는 회사 회식 때 부를 수 있었다. 하지만 〈바램〉은 서울과 구미를 오가는 동안 차 안에서 수십 번을 듣고 따라 불러도 입에 잘 붙지 않았다. 20여 년의 나이 차이가 암기력에 엄청난 영향을 미친다는 사실을 절실히 느낀 사례이다. 나이가 들었다고 새로운 배움이 불가능한 것은 아니지만, 노력 대비 효과는 급격히 떨어진다는 것을 좀 더 나이가 들기 전에 깨닫고 노력하는 것이 활동기의 성과를 극대화시킬 수 있을 뿐 아니라, 노년기의 인생을 좀 더 풍요롭게 만들어줄 것이다.

몸 쓰기도 머리 쓰기와 마찬가지로 나이가 들수록 어려워짐을 느낀다. 부드러운 동작이 생각대로 되지 않고 균형 감각도 월등히 나빠진다. 구미에서 근무하는 동안 수영을 배우기 위해 새벽 수영 수업을 들었다. 초보자는 발차기부터 시작해서 호흡법과 물에 뜨는 법을 익히고 자유형 영법을 배운다. 월말이 되면 자유형으로 수영장을 20미터 혹은 25미터를 가로질러 가는 시험을 보아 중급반으로의 이동을 결정한다. 보통은 한 달 만에 중급으로 올라가는데, 늦게 수영을 시작한 나는 3개월 만에야 올라갔다. 그나마 초보 중급 수준의 수영을 할 수 있었기에 해외 출장을 갈 때는 꼭 수영복을 챙겨 가서 호텔 수영장에서 출장의 작은 즐거움을 만들 수 있었지만, 역시 몸 쓰는 배움의 속도도 나이와 반비례한다는 걸 느낄 수 있었다.

은퇴 후 여가 활용법으로 스키를 본격적으로 타기로 마음먹었다. 이미 스키를 잘 타는 고등학교 친구들에게 자극을 받아서 전문 강사의 강습을 받았다. 50대에도 한 해 겨울에 두세 번 스키장에 가서 놀았지만 제대로 배우지 않고 그냥 초중급 슬로프를 미끄러져 내려오는 재미로 탔다. 강습을 받으면서 스키 타기의 원리를 이해하게 되었고, 직접 눈을 밟는 시간을 늘려갈수록 몸의 움직임을 제대로 제어할 수 있게 되었다. 용평 스키장의 최상급 코스까지 도전해서 넘어지지 않고 내려오는 수준이 되었으니 이제 스키를 조금 탄다고 이야기할 수 있다. 용평 스키장을 다니는 98세 이근호 할아버지는 나와 마찬가지로 60세에 스키를 시작해서 중상급자가 타는 레인보우 파라다이스 코스를 지금도 즐기고 있다는 기사를 보았다. 나도 90살까지 스키를 탈 수 있도록 몸 관리를 잘해야겠다.

나의 수영이나 스키에서의 몸 쓰기, 즉 운동에서의 진보를 보면 몸 쓰기는 머리 쓰기에 비해서 퇴화가 좀 더딘 것으로 생각된다. 자신의 성향에 맞는 운동을 선택해서 도전해볼 일이다. 지금이 생에서 가장 젊은 날! 뭐든지 하고 싶은 것은 저질러보자.

소통: 좋은 선택을 돕는 열쇠

리더는 사람을 통해서 일한다. 더불어 일하는 사람이다. 회사 생활은 일의 연속이고, 방향 설정 과정이다. 리더에게는 방향 설정이 더 중요한 일이 된다. 새로운 방향이 설정되면 조직에 변화를 요구해야 한다.

변화를 일으키는 방법은 두 가지이다. 급진적인 변화와 점진적인 변화다. 탁한 물로 가득 찬 연못을 깨끗하게 바꾸는 방법을 생각해보자. 급진적인 방법은 대형 물 펌프로 탁한 물을 일시에 뽑아내고 새 물을 부어 넣는 것이다. 그러면 단기간에 맑은 연못으로 바뀔 것 같다. 하지만 연못의 주변부가 충분히 정화되지 못해 맑은 물의 유지가 어려워진다. 다시 탁한 물로 바뀔 가능성이 높다. 점진적인 방법은 작은 물 펌프로 꾸준히 탁한 물을 뽑아내어 점차 탁한 물을 맑은 물로 바꾸는 것이다. 지하에서 올라오는 맑은 물은 연못 주변을 계속 정화하여 시간이 지나면 맑은 연못이 만들어지고 청정한 상태가 오래 지속될 것이다.

일상 업무에서 급진적인 방법을 쓰면 비용이 많이 들고 조직의 이해도가 부족한 상황에서 수용성이 떨어지고 반감이 생기기 쉽다. 위에서 지시하면 당장에는 하는 척하지만 시간이 지나면 원점으로 돌아가게 된다. 점진적인 변화를 유도하면 시간은 걸리지만 조직의 수용성은 점차 높아진다. 단, 리더는 변화의 방향을 일관되게 유지하고 꾸준히 참고 견디면서 이야기하고 또 이야기해야 한다. 그렇게 변한 조직은 새 방향성을 오래 유지할 수 있다.

요즘 MZ 세대에게 일을 시킬 때면 '3요'를 예상해야 한단다. '이걸요? 제가요? 왜요?' 하지만 나는 '3요'가 예나 지금이나 일을 도모할 때 지켜야 할 기본 절차라고 생각했다. 새로운 일을 시작할 때면 왜 이 일을 하게 되었는지 충분히 설명하고 공감을 얻기 위해 노력했다. 일관성이 있는 소통이 변화의 출발이자 끝이다. 사업 전략 수립과 추진, 최적 투자비 도출, 고객 불만 해결, 새로운 혁신 활동을 시도할 때면 관련 구성원을 모두 모아 새 프로젝트를 공동의 일로 인식하게 만들고, 일의 참여에 대한 보람을 느낄 수 있게 하였다.

최적 투자비 도출은 사업 전개에 있어서 중요한 의사결정이다. 한

번 결정되면 계획대로 진행될 확률이 높으므로 투자비를 제대로 산출하는 것이 사업 경쟁력을 높이기 위해 필수적이다. 투자 검토 실무자들을 모아서 투자비 목표를 설명하고 실무자들의 의견을 듣는다. 물론 처음 제안했던 목표를 달성하지 못하는 경우도 있지만, 실무자들은 자신들의 역량을 최대한 발휘하여 최선의 결과를 이끌어내기 위해 노력한다. 어려운 결과물을 함께 만들어낸 것에 대한 자부심이 실무자들에게 자연스레 생기는 것이다.

고객 불만이 접수되면 품질 부서 담당자는 전전긍긍하게 된다. 고객 불만을 어느 부서 어느 담당자와 논의해야 할지조차 난감해하는 경우가 허다하고, 그러다보면 불만 해결을 위한 시간이 한량없이 늘어난다. 따라서 고객 불만을 토론할 수 있는 주간 회의를 개설하고, 개발/기술/생산/품질 담당자들이 모두 참석하여 현상, 원인, 대책을 공동으로 모색하였다. 고객사의 문제해결 회의체를 모방하여 회의의 효율성을 높이고 오판의 가능성을 최소화하였다.

현장 혁신 방법론 중 하나인 신 TPM을 도입하는 과정에서는 말하고 듣기를 가장 많이 반복하였다. TPM은 3S(정리, 정돈, 청소의 이니셜)를 중심으로 현장 개선을 유도하는 현장 혁신 활동인데, 국내 대기업에서 오랫동안 혁신 활동을 지도하였던 김영인 선생이 독특한 방식으로 발전시켰고 이를 신 TPM이라 칭했다. 궁극적으로 안전하고 생산성이 높은 현장을 만들어가는 것을 목표로 한다. 김영인 선생의 대표 저서로 《돈 버는 경영혁신, 신 TPM》이 있다. 지금까지 일하던 방법의 변화를 시도하는 것이므로 현장에서는 항상 거부감이 있고 실무자들은 하기 싫어한다. 이러한 거부감을 긍정적으로 바꾸기위해서는 계속해서 이야기하고, 듣고, 실행하고, 작은 성과를 내고, 또 토론하는 과정을 반복해야만 한다. 그래야 '아하! 우리 사장님이 이 길로 꼭 가시겠다는 거구나!', '이렇게 하니 좋은 점이 여러 가지가 있네?'라는 인식이 확산되면서 점차 자리를 잡아가게 된다. 리더는 '말하고 듣고 또 말하기'를 잘해야 한다.

'똑부' 리더: 디테일을 잊어버리면 바른 방향을 잡을 수 없다

리더의 네 가지 유형이 있다. 똑부(똑똑하고 부지런함), 똑게(똑똑하고 게으름), 멍부(멍청하고 부지런함), 멍게(멍청하고 게으름). 이 중 부하 사원들이 좋아하는 최고의 리더는 '똑게'라고 한다. 나도 맞는 말이라고 생각한다. 하지만 게으른 리더는 지금은 똑똑할지 모르지만 곧 '멍게'가 될 가능성이 높다.

최근에 개인적인 용건으로 20년 전 동부반도체(지금의 DB하이텍)에서 함께 일했던 후배와 통화를 하게 되었다. 그 후배는 지금 DB하이텍에서 임원으로 근무하고 있는데 이런 이야기를 했다. "사장님과 함께 일하던 그 시절에 저는 죽었습니다. 변대리와 함께 일하는 게 힘들어서……" 나의 질문은, "죽은 사람이 어떻게 아직 살아 있소?" 후배 왈, "그때 배운 걸 이용해서 잘 지내고 있습니다. 하하하!"

　　그 당시 사원들 사이에 회자된 나의 별명이 '변대리', '변반장'이었다. 반도체 제조 과정 중 발생하는 문제점에 대해서 원인을 꾸준히 찾아 들어갔었으니 실무자들은 힘이 들었나보다. '똑부'인지 '멍부'인지는 모르지만, 부지런히 현장을 드나들고 구성원들과 토론하였다. 새로운 문제가 생기면 왜 그런 일이 생기는지 현상에 대한 질문을 많이 했다. 문제의 본질을 파악하기 위해서 질문을 하다보면 생각지도 못한 사실들을 알게 되고 문제의 본질에 접근할 수 있는 단서가 잡힌다. 모든 답은 제조 현장에 있고, 현장 데이터로 확인이 가능하다.

　　많은 사람들은 어느 수준에 올라가면 실무는 실무자에게 맡기고, 리더는 큰 의사결정만 하면 된다고 생각한다. 물론 큰 결정을 하기 위한 리더의 고민과 연구는 당연한 업무이다. 하지만 큰 결정을 하기 위해서는 현실에서의 문제점도 충분히 알고 있어야 한다. 즉 작은 문제들이 해결되지 않은 상태에서는 큰 결정을 할 수가 없는 것이다. 예를 들면, 사업 확장을 위해서 투자를 결정해야 하는 시점이 오면 회사의 실정이 어떠한지 제대로 알아야 한다. 투자를 하고도 성과가 나오지 못할 상황이라면 투자 결정을 할 수가 없고, 투자를 하는 것은 무모한 짓이 되고 만다. 즉 사업의 기반이 든든해야 미래를 준비할 수 있는데, 그 기반을 단단히 만드는 것은 최고경영자나 임원이 챙겨야 할 핵심 업무인 것이다.

업종에 따라 필요한 핵심 역량이 모두 다르다. 제조업의 경우, 개발·생산·품질·영업·마케팅 등이 핵심 역량이다. 사업 확장을 위해서는 이러한 역량들의 현주소를 확실히 파악해야 한다. 신사업을 구축하려면 개발 역량을 착실히 챙겨야 한다. 회사에 기술이 있으면 파일럿(시범 생산) 라인을 구축할 수 있다. 하지만 사업을 본격적으로 확장하려면 회사의 개발 역량을 바탕으로 시장에서 경쟁할 수 있는 제품을 양산할 수 있는지를 잘 가늠하여야 한다.

실트론 대표 시절, 태양광 기판 사업의 능력을 파악하기 위하여 파일럿 라인을 구축하여 양산 가능성을 가늠해보았다. 회사의 핵심 인력을 투입하여 기술력과 생산성을 극대화시키기 위해 부단히 노력하여 그 결과를 정리하였다. 결론은 제품의 성능은 충분하였으나 원가에서 중국 제품과 가격 경쟁을 하는 것이 불가능하다는 것이었고, 실트론은 태양광 기판 사업을 중단하였다. 디테일을 모르고 접근했다면 회사의 성과가 어떻게 해서 나온 것인지를 알 수가 없고 판단할 수도 없었을 것이다.

사업의 큰 그림이 기술적 디테일과 어우러졌을 때, 회사는 바른 방향으로 나아갈 수 있다. 다만, 한 가지 더 고려하여야 할 사항은 모든 투자에서 결과가 눈에 보이고 계산 가능한 영역에 있는 것은 아니라는 것이다. 특히 신기술 개발이라면 미래의 성장 가능성을 염두에 두고 연구 투자를 지속적으로 해나가야 한다. 새로운 길이 열리면 기술이 진보하고 더 큰 사업으로 성장할 가능성이 있다. 개발 상황과 연관 사업 간의 관계를 긴밀히 모니터링하면서 필요한 지원을 제때 해주는 것이 경영자의 책임이다. 미래 성장 가능성을 어떻게 볼 것인가는 사업가적인 안목의 한 부분이다.

실트론의 신사업의 하나로 GaN-on-Si 기술 개발을 추진했었다. 사파이어 LED를 대체할 값싼 공법을 개발하고자 하였다. 10년 가까이 개발을 진행했지만 돌파구가 나오지 않았다. GaN-on-Si 기술이 사파이어 LED를 대체할 가능성이 낮다고 판단하고 개발을 중단하였다. 그러나 그 이후 전력 반도체 소자 및 마이크로 LED용 소재로의 가능성이 확보되어 일부 기업에서는 GaN-on-Si 기술로 사업화를 모색하고 있다. 개인적으로 아쉬움이 남는다.

권한은 어디서 오는가: 믿음에서 나온다

앞에서 높은 지위에 있더라도 디테일을 놓치지 않고 꾸준히 챙겨나가라고 이야기하였다. 그러나 부하 사원들은 '똑부'보다는 '똑게' 상사를 더 좋아한다고 했다. 상사가 일을 착실히 챙겨나가다보면, 부하 사원들로부터 '권한 이양을 해주세요!'라는 이야기를 듣게 된다. 어느 정도의 결정은 자신들에게 맡겨달라는 이야기다.

상사가 디테일을 챙겨나가는 것이 부하의 권한을 빼앗는다고 생각하는 사람도 있다. 이는 상사가 직속 부하 직원의 이야기를 듣지 않거나 믿지 않으면서 발생할 수 있는 상황이다. 이를 해결하기 위해서는 일의 경중을 따져서 결정하는 것이 필요하다. 중요하고 시급하다고 판단되는 사안이라면 문제해결을 위해 리더가 참여하는 것을 주저할 이유가 없다. 집에 불이 났는데 누가 끌 것인가를 고민하는 것은 바보짓이다. 어느 정도 시간 여유가 있는 사안이라면 관련 임원이나 관리자에게 해결을 주문하는 것도 좋으리라. 그러나 그 논의의 결과는 리더가 필히 확인하고 점검하는 과정을 거쳐야 한다.

리더가 참석한 집단 토론의 경우에는 참석자가 골고루 의견을 제시할 수 있는 기회를 제공하여야 한다. 이스라엘에서는 용기, 담대함,

도전정신을 뜻하는 후츠파chutzpah 정신이 투철하여 직위 고하를 개의 치 않고 질문하고 도전하지만, 우리의 문화는 멍석을 깔아야 일을 하는 문화이므로 집단 토론 시에는 돌아가면서 의견을 개진토록 의도 적인 노력이 필요하다.

조직의 운영에 있어서 상사와 부하 간의 '믿음'은 참으로 중요한 역할을 한다. 의사결정 과정을 맡긴다는 것은 그 사람에 대한 믿음을 강하게 전하는 과정이다. 믿음을 얻은 사람은 어느 때보다 주어진 일을 제대로 처리하려고 노력을 경주하게 된다. 나는 사회 생활을 하는 동안 많은 상사들로부터 신뢰를 얻었고, 나 스스로 일을 제대로 처리하기 위해 노력했다. 또한 나와 함께했던 많은 부하 사원들에게 일을 맡겨서 그들에 대한 믿음을 표시하는 방편으로도 사용하였다. 그러한 과정에서 예상을 넘어서는 좋은 성과를 이루어낸 친구들이 많았다. 나는 좋은 후배들을 발굴했다는 자부심을 가지면서 그들에게 축하와 격려를 아끼지 않았었다. 디테일을 챙기는 과정에도 후배들의 성장을 위해 지켜보고 응원하는 프로세스를 결코 잊어서는 안 된다.

위기 다음 기회: 인내심과 믿음이 필요하다

2008년 가을 실트론에 부사장으로 부임하였다. 개인적으로 기대 반 걱정 반이었다. 하지만 이미 메모리 반도체 회사에서 파운드리 반도체 회사로 이직하여 성공한 경험이 있어서 '잘될 거야!'라고 스스로를 격려하면서 회사로 갔다.

가장 먼저 부딪힌 문제가 반도체 경기 하락이었다. '회사가 어려워지고 있는데 왜 새로 부사장을 영입하는가?'라고 구성원들이 수군거렸다. 나는 회사 경영 상황을 걱정하면서도 믿음이 있었다. '비록 지금 경기가 하락하고 있더라도 반도체 사업은 다시 상승 국면으로 갈 것이다'라는 믿음이었다. 이런 어려운 시기에는 내실을 다져서 호황을 준비하는 것이 중요하다. 그리하여 공장의 생산성 향상 프로젝트를 발족하였고, 회사 내 최고의 사원들을 추천받아 팀을 꾸렸다. 그 결과, 1년 반 만에 기존 공장의 생산성을 20%나 향상시킬 수 있었다.

개선 아이디어를 모으는 방법으로는 WGWG 미팅을 실시하였는데, 참석자들이 직급에 관계없이 와글와글 자유롭게 토론하는 모습을 보고 미팅 이름을 붙였다. 개선 방법과 성과를 그룹 혁신 사례로 발표하였고, 우수상을 수상하였다.

2010년경 반도체 경기가 다시 회복되면서 신규 투자를 할 수 있는 기회가 왔다. 장비 생산성을 높여놓았기 때문에 투자 금액을 큰 폭으로 절감할 수 있었다.

살다보면 위기에 봉착하는 경우가 왕왕 있다. 당황스럽지만 극복해야 한다. 중요한 것은 내부적인 문제로 인한 위기를 만들지 않도록 노력해야 한다는 것이다. 방만한 경영이라고 일반적으로 이야기하는 상태는 회사 상태가 좋을 때 그 싹이 돋아나는 경우가 많다. 어려울 때에 비해서 의사결정이 느리고, 비용이 많이 드는 방식을 택하게 되고, 점검 과정 역시 느슨해지기 쉽다. 좋은 시절을 잘 관리하는 것이 중요하다.

위기는 내부 요인에서만 비롯되지는 않는다. 외부 환경이 예상 밖의 모습으로 변해갈 때 생각지도 못한 위기를 맞이하게 된다. 특이한 것은 이러한 외부 환경에 의한 위기는 반복되는데도 불구하고 호황 때는 이런 위기가 올 것으로 생각되지 않아 대비를 못하는 것이다.

1990년대 초에는 반도체 사업이 흥하여서 번 돈을 주체하지 못할 정도였다. 그러다가 1996년 불황이 닥치자 갈팡질팡하였다. 호황과 불황의 주기가 약 4년이었기 때문에 이를 '올림픽 사이클'이라고도 불렀다. 이때 회사에서는 '생존survival'이란 용어를 사용하기 시작했다. 회사 경험이 많지 않았던 나로서는 '생존이란 말을 쓰는 걸 보면 회사가 죽기도 하는 건가?'라는 의문이 들었다. 1997년 대한민국에 외환 위기가 닥쳤고, IMF의 통제하에 엄청난 기업들이 사라지거나 합병되는 상황을 보면서 기업의 생과 사가 기업의 실력에 좌우된다는 것을 깨달았다. 불황을 제대로 극복하기 위해서는 구성원들이 회사 현황을 명확히 인식하여야 하는데, 최악의 경우를 상정하는 의미에서 '생존'은 구성원들에게 경각심을 일으키는 데 효과를 발휘하였다.

위기 극복의 정신을 일깨우기 위해 나는 리더들과 등산을 자주 갔다. 실트론 근무 시절에는 인근의 금오산을 자주 올랐다. 왕복 4시간 정도 소요되는 난이도 중급의 등산 코스이다. 약 50명의 멤버들이 함께 오르는데 선두, 중간, 후미 그룹은 항상 정해져 있었다. 특히 내가 관심을 가진 부류는 후미 그룹이었다. 그들은 '뒤에서 올라가도 먼저 올라간 멤버들은 날 기다려 줄 거야!'라는 안이한 생각도 가지고 있고, 스스로는 최선을 다하고 있다고 생각한다. 변화를 일으키기 위하여 높은 목표를 제시하였다. 2012년 겨울 워크숍 장소를 진주로 정하고 워크숍 다음 날 지리산 천왕봉을 오르겠다고! 나의 예상보다 큰 변화가 생겼다. 중간·후미 그룹에 속한 많은 리더들이 점심 시간이나 주말을 이용해서 열심히 몸을 단련시켰다. 그 결과 한 명의 낙오자도 없이 전원이 천왕봉에서 등정 기념사진을 찍을 수 있었다. 더 놀라운 것은 후미 그룹에 속했던 많은 리더들이 중간 그룹과 동등한 속도로 등정을 하게 되었다는 것이다. 그들 스스로도 변화에 놀라워했다. 어려운 고비를 잘 넘겨야 기회의 순간에 큰 성과를 만들어낼 수 있다.

가지 않은 길: 활동기의 선택지는 생각보다 많다

회사 생활 31년. 여러 회사를 거치면서 부지런히 달려왔고 개인적인 성공을 이루었다고 생각한다. 박사과정을 마칠 때쯤 결정한 길이었는데 후회는 없다. 그러나 가지 않은 길에 대한 생각을 잠시 해보자.

첫 번째로 교수의 길이다. 학교로 가서 후학들을 키우면서 연구 활동을 하는 모습을 상상해본다. 가르치기에는 나름 장기가 있다. 부부 싸움의 원천이라고 하는 자동차 운전과 골프를 내가 아내에게 가르쳤다. 가끔 사원들이나 학생들 대상으로 특강을 하고 나면, '사장님은 교수하셔도 되겠어요!'라는 공치사를 듣기도 했다. 앞에서 이야기했던 것처럼 '역지사지'의 생각으로 자료를 준비하고 강의하면 청중의 만족도를 높일 수 있을 것이다. 연구 활동에 관해서라면, 호기심이 많은 것이 도움이 되어 좋은 성과를 만들 낼 수도 있었겠지만 회사 생활만큼 다이나믹한 생활은 하지 못했을 것 같다.

두 번째로 사업가의 길이다. 주변 동료들 중에 연관 사업을 창업해 성공한 사례가 많다. 자신의 생각으로 자신의 길을 개척해나가서 그 분야에서 자리 잡은 이들을 보면 존경심이 생긴다. 한국의 사업 환경에서 창업하고 사업을 키워나가는 것은 무척 험난한 길이다. 한국 기업의 의사결정 과정은 회사마다 다르고 복합적이다. 고객사 대표부터 말단 사원까지를 종합적으로 우군으로 만들지 않으면 되는 일이 없다. '잘되게 할 수는 없어도 안 되게 할 수는 있다'가 사업 파트너들과의 관계에서 명심해야 할 문구다. 따라서 사업을 일정 수준까지 끌어올리기 위해서는 험난한 가시밭길을 걸어야 한다. 그렇더라도 전문 분야에서 아이디어를 찾아서 새로운 사업을 일으켜보는 것은 도전할 만한 일이라 생각한다. 지금은 창업에 대한 지원도 활발한 만큼 아이디어를 만들어서 창업의 길로 나서는 것을 적극 응원한다.

마지막으로 의사의 길이다. 고등학교 3학년 말 대학 지원 학과를 선정할 때, 나의 어머니는 의대 지원을 생각하셨다. 서울대 의대 합격은 어려울 것 같다는 담임 선생님의 의견을 들으시고 내 뜻대로 서울대 이공 계열에 지원하게 하셨다. 꼭 의대를 가려고 했다면 많은 다른 선택이 가능했지만, 나의 선택을 따라주셨다. 의사 아들을 두는 것은 모든 부모의 꿈인지도 모른다. 그리고 의사가 되었을 때, 내가 이웃에 펼칠 수 있는 기여와 그에 따른 보람은 다른 어떤 직업보다 높을 수 있다는 생각은 든다. 사람들의 고충을 들어주는 것을 즐기는 성격이라 환자들을 진료하는 과정이 나의 적성에 맞을 수도 있겠다. 그러나 나는 어릴 때부터 자명종 시계를 만지작거리면서 자랐다.

—

앞으로: 새 등대를 찾아서

나의 선택과 사회 생활을 하면서 깨달은 성공의 지혜들을 모아보았다. 마무리하면서 드는 생각은 많은 부분이 우연에 의존하고 있다는 것이다. 특히 나의 앞날에 영향을 미쳤던 상사들과의 만남과 그들의 도움이 그러하다. 그러나 그 우연은 나 자신의 노력에 의해 필연으로 전환될 수 있었다고 생각한다. 김성근 감독의 《인생은 순간이다》라는 책 제목처럼 매 순간 최선을 다하는 것이 성공 비결이라고 말하고 싶다. 글을 쓰는 동안 나의 학생기와 활동기에 찾아왔던 등대들을 돌아보았고, 내가 가지 않았던 길에 대해서도 정리해보았다. 그러면서 지금부터의 나의 미래를 생각해본다. 먼 훗날의 나의 모습을 그리려고 하면 아무것도 보이지 않는다.

이제 가까이 보이는 새 등대를 찾아가고자 한다. 퇴임 후 피아노

연주를 시도해보았는데, 역시 나이가 걸림돌이다. 연주의 속도가 올라가지 않는다. 그래서 내게 가장 익숙한 악기, 내 몸을 이용해서 연주를 해보고자 한다. 가곡 부르는 공부를 시작했다. 새로운 것에 대한 호기심을 채워가며 연주의 완성도를 차근차근 높여갈 수 있기를 기대한다. 또한 내가 즐거우면서도 사회에 도움이 되는 일을 찾아서 더 정진하고 성장해나갈 것을 다짐한다. 후배들이 자신의 등대를 잘 찾아가면서 성취감과 함께 행복하시길 빌어본다.

어른들의 역할은 청년들에게

실패해도 괜찮다는 것을 알려주는 것 아닐까요?

'해야 한다'와 '할 수 있다'의 차이를 알려주는 것도요.

청년 시기의 경험은 삶의 정점을 위한 근육이 되니까요.

성장

나다움이라는 강점으로 빛나는 것

이강란

고려대학교 영어영문학과 졸업
現) 창신INC 최고인사책임자(CTO)
前) Stryker/Pizza Hut/AIA 근무
갤럽 클리프톤 강점코치

사람은 모두 같을까?

몇 년 전 홍콩 출장 길에, 우연히 길에서 스쳐 가던 쌍둥이 자매를 보고 너무 예뻐서 자매 어머니의 허락을 받아 사진을 찍은 적이 있다. 그 쌍둥이 자매는 예뻐서 기억에 남기도 하지만, 카메라 앞에서 각기 다른 반응을 보여 더 기억에 남는다. 한 아이는 카메라를 의식하며 응시했고, 한 아이는 수줍은 듯 고개를 돌리고 카메라를 피했다. 사진을 찍을 당시에는 발견하지 못했는데 출장에서 돌아와 그 사진을 다시 보면서 궁금해졌다. 무엇이 그 아이들을 다르게 반응하게 만든 것일까? 강점 워크숍을 준비하던 중, 그 궁금증의 일부가 해소되었다.

강점 워크숍을 진행할 때 오프닝 질문 중 하나가 이것이다. "사람은 다 다를까, 같을까?" 참가자들에게 이 질문을 던지면 '강점' 워크숍의 참가자답게 '다르다'에 손을 드는 사람이 많다. 그러나 인간게 놈 프로젝트에 대한 얘기를 시작하면 자신들이 오답을 낸 것은 아닐까 갸우뚱하기 시작한다. 이 프로젝트는 인종 간의 유전적 차이가 매우 클 것이라는 이전의 가설을 뒤엎고, 지구상 모든 인간이 생김새와 사는 곳이 달라도 유전자는 99.9% 이상이 같다는 결론을 내린다. 즉 미국 사람 한 명과 아프리카 사람 한 명을 무작위로 뽑아서 유전자를 비교했을 때 99.9%의 유전자가 동일하다는 것이다. 결국 인류는 모두 한 가족이란 얘기다(마이클 잭슨의 〈We are the world〉라는 노래가 연상된다). 그렇다면 지구촌 70억 인구의 '다름' 또는 '다양성'을 결정하는 것은 0.1%이고, 이 미세한 0.1%의 차이마저도 없는 사람이 일란성 쌍둥이라고 한다. 홍콩 쌍둥이 자매는 외모상으로는 일란성이었을 가능성이 높음에도 불구하고 각기 다른 반응을 보여주었다.

'사람은 다 다르다'라는 얘기의 서두가 좀 길어졌다. 뇌과학 이론에 의하면 인간의 뇌세포는 임신 4주부터 생성되어 하루에 10만 개씩 증가하고, 태어날 때 거의 1,000억 개에 육박한다. 엄마의 자궁에서 세상으로 나오기 두 달 전부터 서로 뭉치기 시작하면서 세포 하나가 1만 5,000개의 연결 시냅스를 만들고, 3세가 되면 그 숫자가 최고점을 찍으면서 성인의 두 배까지 달한다고 한다. '함께 흥분하는 뉴런은 함께 연결되고, 따로 흥분하는 뉴런은 따로 연결된다'는 신경가소성의 원리와도 접점이 있는 것 같다. 뉴런은 이러한 연결과 해체를 시작하고 반복하다가 15세가 되면 절반이 끊어지고, 한 번 끊어졌던 것은 두 번 다시 붙지 않는다. 이 회로의 차이가 재능을 만든다고 하니, 이것이 바로 재능의 기원이 아닐까 생각한다.

사람은 모두 미쳐서(적어도 뇌는 매우 혼란스러운 상황에서) 태어나고, 뇌세포의 '헤쳐 모여' 작업(공간 정리)과 유사한 작업을 반복하고 나서야 정상인의 삶을 산다고 했다. 즉 그 작업이 부족하면 미친(혼란) 상태가 지속되는 삶을 산다는 것이다. 돈키호테는 "미쳐서 살다가 정신을 차리고 나니 죽었다"는 묘비명을 썼다고 한다. 가능하면 어릴 때 이 작업이 정리된다면 자신의 삶에서 에너지와 역량과 자원을 집중할 수 있는 영역을 발견하기 쉬워질 것 같다. 피카소가 "모든 아이는 예술가로 태어난다. 문제는 어떻게 예술가로 남아 있느냐다"라고 말했던 것처럼, 예술가로 남아 있을 재능을 일찌감치 찾는다면 인생의 큰 행운일 것이다.

3세는 언어, 사회적 인지, 정서적 발달 등 아동 발달의 다양한 측면에서 중추적인 시기라고 한다. 이는 '세 살 버릇이 여든 간다'는 동양 속담과도 일맥상통하는 지점이 있는 것 같아 흥미롭다. 3세에 만들어진 습관이 80세까지 지속될 수 있다는 개념은 이때의 경험이 삶에 주는 지속적인 영향을 강조한다.

한편, 15세라는 나이에 대한 얘기를 더 추가하고 싶다. 사람이 자주 다니지 않는 길은 잡초가 우거진 한적한 오솔길이 되고, 반대로 자주 다니는 길은 넓고 평평하고 걷기 좋은 길이 되는 것처럼, 내 머릿속의 고속도로가 구축되는 나이가 15세라고 한다. 이때 만들어진 뇌 세포의 네트워크는 거의 시멘트처럼 단단해져서[1] 개인의 삶의 방식이나 업무 방식 혹은 속도에 영향을 준다고 하니, 이 15세는 한국 사

---

[1] 뇌는 계속 발전한다고 한다. 혹시 3세 또는 15세에 뇌 성장이 멈추는 것으로 오해가 없기를 바란다. 60세 이후에 다시 한번 뇌의 전성기가 온다는 이론도 있다.

성장

람들이 흔히 얘기하는 '중2병'과 재미있게 연결된다.

재능이 없는 사람도 있을까?

재능을 이야기할 때 우리의 선입관은, 재능은 소수의 사람들만이 보유한 특질이라고 생각하는 것이다. 그러나 나는 재능은 그것이 제대로 발견되는가의 문제이지, 있고 없음의 문제가 아니라고 생각한다. 즉 재능은 모든 사람이 갖고 있고, 저마다 다르며, 적절한 계발에 의해 강점으로 변화할 수 있다는 것이다. 여기서 적절하게 계발한다는 것은 재능이 있는 곳에 투자, 즉 지식과 기술을 연마하고 경험을 더한다는 것이다. 그래야 재능이 강점이 되는 데 가속도가 붙는다. 반대로, 재능의 원천이 없는 곳에 투자하는 것이란 유재석에게 김연아의 스케이팅 기술을 가르치는 것과 무엇이 다르겠는가?

미국 갤럽[2]은 재능을 "생산적으로 쓰일 수 있는 사고, 감정, 행동이 자연스럽게 반복되는 패턴"이라고 정의한다. 재능이 아닌 것의 특징을 안다면 재능이 무엇인지 더 정확히 알 수 있다. 즉 할 때마다 항상 힘들고 고군분투하게 되고, 연습해도 완벽해지지 않고, 자꾸 억

---

2 갤럽은 우리나라에서는 선거 때 출구조사 또는 여론조사 등의 영역에서 알려져 있지만, 정확하게는 인류의 웰빙, 조직의 몰입도, 리더십, 개인의 강점 등을 광범위하게 연구 개발하고 무수한 데이터를 바탕으로 한 조사보고서를 출간하는 글로벌 기업이다.

지로 끌어내리려고 한다면, 그것은 재능이 아니라고 한다. 반대로 무언가에 자연스럽게 끌리는 동경yearning, 다른 사람보다 빠른 학습rapid learning, 시간의 흐름을 잊을 정도의 몰입flow/engagement, '내가 어떻게 이렇게 했지?'라고 느낄 정도의 순간적인 탁월함excellence, 그리고 어떤 일을 끝낸 후 '이 일을 언제 다시 할 수 있을까?'라고 느껴지는 만족감satisfaction이 자주 발현된다면 거기에 재능이 있다고 한다.

재능은 또한 욕구needs라고 한다. 갤럽의 클리프톤 강점 진단Clifton Strengths Finder[3]에 의하면 나는 '수집Input'이라는 재능을 최상위 재능으로 갖고 있다. 즉 나는 새로운 지식과 기술 등에 대한 열망이 강하고, 각종 데이터, 자료, 정보를 수집해서 보관하는 것을 즐긴다는 것이다. 꼭 그것을 활용하지 않아도 갖고 있다는 것에 만족을 느끼고 즐긴다는 것은 나의 수집 욕구가 충족되었다는 것이다. 즉 재능은 원초적 욕구로서 그것이 채워져야 비로소 그 재능이 제대로 기능할 수 있게 된다. 이렇게 재능이 채워지고, 자꾸 쓰여지고, 강화되면 재능은 진정한 강점으로 계발된다. '재능으로 시작해서 강점으로 성장하라'는 말이 온전히 쓰일 수 있는 때가 온 것이다.

요즘 자신이 어떤 사람인지, 어떤 성향인지 등이 궁금해서 많은 진단들을 하는데 특히 MBTI가 대세다. 처음 만나서 상대방을 잘 알고 싶을 때 MBTI를 물어보기도 하고, 답을 듣고 나면 마치 그 사람에 대

---

3 갤럽이 개발한 도구 중 하나로서, 3만 원의 투자로 본인의 최강점 Top 5 리포트, 즉 세상에 하나밖에 없는 나만의 리포트를 받아볼 수 있다. 심층 분석을 위한 약간의 추가 투자가 가능하다면 34가지 재능에 대한 순위별 자료와 더불어 통합 리포트를 받아볼 수도 있다. 자신이 재능이 없다고 생각하는 사람들이라면 생각의 반전을 위해 해볼 만한 가치가 충분하다.

한 파악이 된 것 같은 표정으로 대화를 지속한다. MBTI도 좋은 진단 도구이며 매우 널리 쓰이지만, 강점 진단은 MBTI보다는 나의 독특함과 강점에 더 집중하게 해준다. 이미 존재하나 내가 몰랐던 나만의 특성을 발견하게 해주기 때문에 의미가 있다.

완벽함 대신 강점을 찾다

강점 워크숍 때 두 번째로 던지는 질문은, '강점 중심의 삶의 반대 말은 무엇일까?'이다. '약점 개선', '주어진 대로 살기' 등의 대답이 나왔다. 정답은 없으나 내가 기대했던 답변은 '완벽해지기'였다. 많은 사람들이 완벽한 존재being perfect 또는 만능all-round player을 꿈꾼다. 개인적인 욕망이나 사회의 기대 때문일 것이다. 불가능한 일은 아니겠지만 절대로 쉬운 일도 아니다. 왜냐하면 인류는 생물학적으로도 많은 결함을 갖고 태어나는데, 많은 사람들이 거의 죽음 직전까지도 부단히 그 완벽함에 대한 기대를 포기하지 못하며 항상 부족함을 느끼는 삶을 살기 때문이다.

요즘 우리나라, 아니 전 세계적으로 강점 기반 조직 또는 강점 문화가 빠르게 확산되고 있어서 이 질문을 자주 던지곤 했다. 나는 20년 전 미국 의료장비 기업의 한국 지사에 재직하면서 아주 운 좋게 강점 코치 자격증을 취득한 이후 기업 내부의 직원과 리더들을 코칭했고, 이후 이직한 직장에서도 강점과 코칭에 대한 관심과 지원이 많아서 내외부적으로 강의 및 코칭 활동을 지속할 수 있었다. 우리나라에서 일찍이 강점 코칭을 접하고 전파하고 강점 조직문화를 활성화하기 위한 노력을 많이 한 덕분에 감사하게도 일찌감치 '강점 전도사'라는 별명도 얻을 수 있었다.

드디어 10년 전 갤럽의 클리프톤 강점진단 공식 자격증이 한국에 도입된 후 많은 강점 코치가 배출되고 있다. 대한민국은 전 세계에서 유례없이 이 진단에 대한 관심이 높아서 그 확산 속도가 괄목상대이다. 피터 드러커의 말대로, '사람이 기업의 자산'이 아니라 '사람의 강점이 기업의 자산'임을 많은 기업이 더 강력하게 깨닫고 있다. 개개인들 또한 자신의 강점을 발견하는 것이 삶의 웰빙과 밀접하게 연결되어 있음을 인지하고 강점을 발견하려는 노력을 계속하고 있다.

한계를 생각하지 않고 도전한다

예술가 또는 창의적인 일을 하는 사람들은 일부러 실패한다고 한다. "올바름보다 더 재미있는 선택지를 찾는 것, 일부러 틀려보고, 일부러 무리한 일에 도전해보는 것. 그 편이 오히려 좋은 결과를 낼 수 있다. 지금 틀려도 미래에는 맞는 일이 될 수도 있다. 그런 가능성들을 계속 열어보고 싶다." 세계적인 크리에이티브 디렉터 호소다 다카히의 말이다.

나는 예술가에 대한 동경이 있었고, 그 꿈을 이루고자 몸으로 부딪쳐 실패하기도 했다. 대학 때 연극 동아리에서 배우고 활동한 경험으로 연극에 대한 열망과 배우로서의 기질에 대한 자신감을 갖고 국립극단 오디션을 봤다. 갑자기 주어진 대본으로 연기하는 게 생각보다 쉽지 않았다. 대사에 감정이입을 하고 연기했다고 생각했지만 결과는 처참했고 마음은 비참했다. 대학의 아마추어 연극반 활동 경력으로는 베테랑 경쟁자들과 겨룰 실력이 턱없이 부족했던 것이다. 돌이켜보면 시도해본 거라 후회가 없고, 오히려 일찌감치 실패하길 잘했다는 생각마저 든다. 내가 가진 재능을 전문가에게 평가받고 싶었고, 결국 쓰디쓴 평가를 받았지만 시도하지 않았더라면 더 크게 후회했을 것이다. 몇 달을 방황하면서 유사한 기회를 모색하다가 완전히 다른 삶의 행로, 직장인의 길로 들어서게 되었다. 우연과 인연의 합작으로 새로운 세계로 들어가는 문을 두드리게 되었고 현재까지 직장인으로, 조직의 인간으로 36년을 지내고 있다.

지금도 나는 회사 밖에서는 재능을 발견하려는 도전과 남이 보면 무모해 보이는 일들을 계속하고 있다. 내 안에 숨겨져 있는 것들, 밖으로 나오고 싶어하는 것들을 끄집어내는 작업이 흥미로워서 쉬지 않는다. 일에서 실패한다면 그것은 매우 쓰디쓴 경험이다. 직장에서는 기대하는 성과를 도출해야 하고 업무의 완성도가 무척 중요하기 때문이다. 그러나 일(직장) 밖에서는 굳이 완벽을 추구할 필요가 없다. 어찌 보면 이것은 사서 하는 고생이고, 남에게 보여주려는 것도, 인정이 필요한 것도 아니다. 그냥 최선을 다함으로써 오는 재미와 작은 감동이 선순환해서 다시 직장에서도 일을 더 잘하기 위한 에너지의 원천이 된다.

나는 모든 사람이 자기 삶의 예술가라고 생각한다. 만약 창조성의 근원이 곧 재능이고, 사람들이 저마다 갖고 있는 다양한 재능을 창조성으로 승화한다면, 그것이 곧 예술가의 삶이 아닐까 한다. 가장 개인적인 것을 가장 창의적인 것으로 만드는 데 집중하는 것, 보편적인 아름다움을 추구하거나 약한 재능을 완벽하게 하기 위한 무모한 노력에서 탈출해보는 것이 나답게 사는 것이 아닐까 한다. 없는 것을 만들려 하지 말고 내 안에 있는 것을 끄집어내기만 하면 된다.

경험은 선물이자 운이 들어오는 문이라고 한다! 그러니 두려워 말자. 택시를 타면 기사의 안내로 목적지에 편하게 도착한다. 반면, 버스를 타면 목적지를 위해 환승도 해야 한다. 가끔은 시간을 못 맞춰서 놓칠 수도 있다. 그러는 동안 낯선 풍경을 보게 되고, 새로운 사람과 스치게 되고, 숨어 있던 재능도 활용하게 되고, 또 새로운 기회와도 만나게 된다. 어찌 보면 안정과 성장이 나란히 간다는 것은 쉽지 않다. 자율운행 자동차는 있지만, 인생의 자동운전 기능은 없다. 실수는 실마리를 주고, 걸은 만큼 길이 되고, 띈 만큼 근육이 붙는다. 요즘은 '성공'이란 말보다는 '성장'이라는 말을 더 많이 사용하는데, 이는 '성장'이 좀 더 느리다고 느껴지나 지속가능한 여정이라는 의미를 내포하기 때문인 것 같다. 윈스턴 처칠은 "성공이란 가치 있는 목표를 향해 나아가고자 하는 열정을 잃지 않으면서, 그 과정에서 하나의 실패 그리고 또 다른 실패를 거듭할 수 있는 능력"이라고 정의했는데, 나는 이 '성공'을 '성장'이라는 단어로 바꾼다면 그 정의가 더 빛날 수 있을 거라고 생각한다.

후회하지 않고 시도한다

'나답게'라는 말을 쓰려면 나 자신에게 본질적인 질문을 해볼 필요가 있다. 내가 무엇을 원하는지, 무엇을 하고 싶은지, 무엇이 되고 싶은지, 가끔 머리를 쥐어뜯으며. 가끔 이불킥 고뇌는 필수다. 즉 나 자신과의 '어둠 속의 대화'가 필요하다. '어둠 속의 대화dialogue in the darkness'는 'Switch off sight, switch on insight'라는 주제로 세계적으로 많은 나라에서 상시 공연되는 작품의 이름인데, 나는 이것을 'Switch off external, switch on internal'이라는 이름으로 바꾸어 나와 '찐하게' 동거하며 독한 자기 탐구의 시간을 가진다는 의미로 사용한다. 밝은 태양 아래 숨길 수 없는 고민도 있고 타인의 의견을 듣는 겸손한 시간도 필요하겠지만, 동굴을 버텨내고 터널을 통과하는 집념은 나 혼자만의 진짜 시간 속에서만 가능할 것이다. 이 모든 것을 '자기 성찰'이라는 점잖은 언어로 정리해도 좋겠다.

몇 년 전, 서울의 모 기업에서 주최한 고등학생을 위한 멘토링 컨퍼런스에 참석할 기회가 있었다. 하루 종일 약 30명의 남녀 학생들과 아주 짧은 개별 진로 멘토링을 진행했다. 나의 첫 번째 질문은 '잘하는 것이 무엇인가'였고, 그 질문에 선뜻 답하는 학생은 거의 없었다.

그리 놀랍지는 않았다. 아직 세상에서 경험해본 것이 많지 않으니까. 두 번째 질문은 '좋아하는 것이 무엇인가'였다. 이 질문에도 많은 학생들이 '잘 모르겠다'라고 대답했다. 대답을 망설이던 몇몇 여학생들의 부끄러워하던 표정을 잊지 못한다. 좋아하는 게 없다니. 그냥 표현하기가 힘든 건가 하는 생각도 했지만, 정말 자신이 좋아하는 게 무엇인지 모를 수도 있겠다는 생각이 들었다. 아니 나의 질문 자체가 낯설었을지도 모르겠다. 돌아보면 어렸을 때, 나는 내가 잘하는 것을 알았는가? 좋아하는 걸 찾았는가? 아니, 누군가 내게 그것을 물어본 적이 있었는가? 선생님이? 부모님이? 옛날 얘기라서 좀 주춤하게 되지만 그때는 그랬다. 그냥 고정된 교육 시스템 안에서 주어진 대로, 시키는 대로 했다. 부모님은 빠듯한 살림에 자식들이 시스템 안에서 사고 치지 않고, 좋은 점수를 받아 상급 학교로 진학하는 것을 큰 바람이자 위안으로 삼았던 시절이었다.

만약 그때 멘토링 시간이 좀 더 충분했다면 학생들에게 이런 방법을 제안했을 것이다. 가족이나 친구 등 자신에게 관심이 있는 서너 명에게 자신이 잘하는 것이 무엇인지, 남들에게 칭찬받을 만한 부분이 무엇인지 확인하는 간단한 방법으로 자신의 강점을 쉽게 찾을 수 있다. 이는 자신이 너무 당연하게 생각했던 것들이 남들에게는 부러움과 칭찬의 대상이 된다는 것을 깨달을 수 있는 쉬운 방법이다. 좋아하는 것을 찾기 위해서는 자신이 무엇에 끌리는지, 어떤 욕구를 가지고 있는지, 어떤 것에서 만족감을 느끼는지 스스로 발견하고자 노력해야 하고, 자신의 성장의 가장 큰 무기가 될 강점을 찾도록 도와주는 전문 기관의 프로그램을 찾거나 진단을 받아보는 것도 생각보다 어렵지 않다고 말해주고 싶다.

앞서 언급했던 갤럽의 강점진단에 의하면 나는 '배움' 재능과 '성취' 재능이 강하다. 내가 끊임없이 새로운 배움의 기회를 추구하고, 그 여정에서 성장의 즐거움을 만끽한다는 의미이다. 배움이 없이 지나가는 하루는 내게 재미없는 하루일 뿐 아니라 의미 없는 하루이다. 어제보다 조금이라도 성장했다는 느낌을 가질 수 있다면 나는 삶을 제대로 살고 있다고 느낀다. 어렸을 때는 고민을 많이 하고 행동이 느렸던 적이 많았다. '엉덩이가 무겁다'라는 말을 많이 들을 정도로. 나이가 들면서는 해보고 싶다든가 해야겠다는 생각이 들면 약간 무모해 보여도 도전하게 되었다. 참고로 나는 작년부터 승마를 시도했고, 지금 복싱을 배우고 있고, 마지막 위시 리스트였던 서핑에 도전했다. 인생 중반기를 지나는 나이로서는 좀 무모해 보일 수도 있겠다 싶지만, 무식하니 용감하다고 할 수도 있겠다.

후회의 종류에는 두 가지 있다. 행동하고 후회하는 것, 하지 않은 것을 후회하는 것. 첫 번째를 'action regret'이라고 하고, 두 번째를

'inaction regret'이라고 한다. 첫 번째 도전이 더 괜찮지 않을까? 적어도 시도하고 나면 미련은 접을 수 있으니까 말이다. 나에게는 자식이 하나 있다. 가족과 주변에서 둘째 아이를 가져야 한다는 조언 아닌 조언을 듣다가 결국은 나이가 들어 어쩔 수 없이 둘째 아이를 포기할 수밖에 없었는데, 거의 20년이 넘는 세월을 고민했다. 물론 이것은 내 인생의 가장 큰 'inaction regret'으로 남아 있다.

장고 끝에 악수라고 한다. 너무 뇌만 돌리지 말고, 너무 재지 말고, 머뭇거리지 말고, 투덜대지 말고, 의심하지 말고 시도해보는 건 어떨까. 자신을 믿고 일단 뭐든 쌓아보고, 무너지면 다시 쌓고, 그러면서 단단해지고, 배우고, 가진 재능을 사용해보고, 주어진 2개의 날개에 의지해서 일단 발을 떼어 날아보는 거다. 실패하더라도, 평평한 종이보다 힘이 훨씬 센 구겨진 종이가 된다면 다음 기회에는 더 멀리 날아갈 수 있지 않을까? 나의 시도는 적어도 내가 최선을 다했다는 표현이며, 나의 최선은 적어도 나를 감동시킬 수 있다. 누구도 나의 시도에, 나의 최선에 실망할 권리는 없으니까.

개인적으로 춤을 좋아한다. 여러 가지 춤을 배워봤는데 춤마다 스텝이 달라서 초기에 베이직 스텝을 잘 배우는 것이 중요하다. 그런데 재미있는 것은 잘 추고 싶어서 다른 사람 발을 쳐다보면 내 스텝이 영락없이 꼬이게 된다. 게다가 사람들은 그다지 남에게 관심이 없는데 괜히 나 스스로 창피해져서 스텝이 더 엉망이 된다. 그래서 춤을 출 때는 남을 보지 말고 내 앞에 있는 파트너의 눈을 보라고 한다. 그래서 자꾸 드는 생각이 그냥 내 춤을 추어야 한다는 거다. 내 춤을 추면 되는데 곁눈질하다가 내 스텝도 잊고 내 스타일도 잊게 된다. 무대에서 넘어지면 어떤가? 얼른 일어나서 자세를 가다듬으면 그만이다. 사람들은 생각보다 나에게 별로 관심이 없다는 사실을 알고 나면 잠깐 창피한 거, 순식간에 지나간다.

나의 강점을 찾는 다른 방법은 타인의 피드백을 받아보는 것이다. 몇 가지 질문을 만들어서 주위의 가족, 친구, 지인들의 의견을 수렴해보는 것이다. 예를 들면, 나를 생각하면 떠오르는 단어는 무엇인지, 나를 칭찬하고 싶은 때는 언제인지, 어떤 경우 박수를 보내고 싶은지, 내가 진짜 도움이 됐던 경우는 언제였는지, 혹은 내가 무슨 일을 하면 투자를 할 것인지 등의 질문을 만들어서 답을 들어보는 것이다. 나는 10년 전 약 50명의 지인에게 이 작업을 해보았다. 내가 자신 있던 부분에 대한 의외의 무관심도 있었지만, 기대하지 않았던 또는 미지의 나를 발견하게 해주는 답도 많았다. 아, 나는 그런 사람으로 인식되고 있구나. 내가 미처 모르는 나의 강점이 이것이었구나! 여러 가지 생각이 들었다. 나의 강점은 나에게는 자연스럽고 당연해서 나는 그 가치를 잘 모르는데, 타인에게는 부족해서 갖고 싶었던 선물이 된다는 것을 깨달은 순간이기도 했다.

완벽하지 않아도, 정답이 아니어도, 꿋꿋이 가보자. 완벽은 없다. 완벽보다는 완성을 향해 가자. 불확실함에서 오는 불안을 호기심과 도전으로 바꿔서 삶의 여정을 의미 있고 재미있게 만들 수 있는가에 집중해보자! 넘어졌다가 돌아오는 사람은 결코 넘어지지 않은 사람보다 훨씬 강하다는 빅터 프랭클린의 말이 생각난다.

───

삶의 LPGA: Learn, Play, Grow and Ascend

책을 좋아해서 많이 산다. 갖고 있는 책을 모으면 거의 작은 서점 수준이다. 비좁은 집에 유일한 내 자산인 책을 모을 수 있었던 것은 가족의 너그러움 덕분이다. 사람들은 묻는다. 그걸 다 읽냐고. 물론 아니다. "책을 샀다면 반은 이미 읽은 거다"라는 친구의 조언을 항상 기억하며 책을 사고 또 산다. "책을 읽는다고 반드시 좋은 사람이 되는 것은 아니지만, 좋은 사람이 나타났을 때 알아볼 수 있는 눈이 생긴다"는 지인의 말도 내가 책을 구매하는 데 정당성을 부여해주고 응원이 되어준다.

나는 책에서 멋진 말이 나오면 적어놓는다. 지혜의 말로 내 삶을 풍성하게 하고 싶은 욕심과 더불어 그런 말을 사용해 뽐내고 싶은 마음도 있다. 책 속의 활자들은 내 삶에 에너지를 준다고까지 말할 수 있다. 이 정도면 활자 중독일지도…… 그리고 종이 냄새도 좋다(생각해보니 신문지 냄새도 좋았다). 새로운 정보가 없는 날은 나에게는 시간이 멈추거나 거꾸로 흘러갔다고 느껴졌고, 퇴보나 지루함을 넘어서 고통스러운 시간이 되었다. 돌아보면 나에게 진보 또는 성장이란 새로운 정보, 새로운 사람, 새로운 지식, 새로운 기술을 만나는 것이었다.

새로운 것을 찾고 좇다보니 이미 갖고 있는 것을 놓치기도 했고, 하던 것에 싫증을 내고 게을러지기도 했다. 많은 것을 시작하고, 많은 것을 중도에 포기하게 된다. 몸이 하나인 것이 아쉽다. 인생 100세가 길다고 하는 사람도 있지만, 나는 1000년을 살고 싶다. 남들이 보기에 나는 삶에 대한 애정으로 부단히 도전하고 학습하는 열정 인류이고, 움직이지 않으면 멈춰 서는 자전거처럼 계속 페달을 밟으며 살았다. 달리 말하면, 평생학습을 지향했다. 교육은 교육자, 즉 선생님이 있어야 하지만 학습은 스스로 가능하다. 혼자 좌충우돌 시간을 투자하고 실천하지 않으면 학습이라 할 수 없으니, 정말 배우고 실천하는 삶의 차원에서 100년은 생각보다 길지 않은 시간이다. 평범한 사람이 인생에서 대략 20대 중반까지 제일 많이 하는 것이 '공부'이다. 그리고 취업을 해서 한 30년 조직(형) 인간으로 산다. 그러면서 꿈꾼다. 은퇴 후 세컨드 라이프를 즐기겠다고. 이렇게 보면 인생은 대략 3단계로 이해될 수 있다.

하지만 요즘은 좀 다른 것 같다. 일단 태어나 걸음마를 떼고 나면서부터 이 3단계가 동시다발적으로 진행된다. 공부하고 배우고 또 노는(즐기는) 것을 동시에 진행하면서 끊임없는 성장과 웰빙을 추구한다. 최재천 교수는 인생 100세 시대를 20대 초반에 4년 배운 지식으로 충전할 수 없으며, 4년제 대학이 아니라 100년 대학으로 바꾸어야 한다고 주장했는데 정말 앞서가는 통찰이다. 나 자신을 돌아보면, 학교 공부는 그리 열심히 하지 않았지만 사회 생활을 시작하고 나서는 열심히 일하면서도 배움을 놓지 않았고, 또 그것에 대한 보상으로 노는 것에 정당성을 부여하기도 했다. 그렇게 열심히 일하고, 열심히 놀고, 열심히 배우기를 반복해왔다.

나는 초등학교 때부터 배움을 쉬지 않았다. 주산학원을 다녔고, 미술을 배웠고, 합창단원이었고, 수영을 배워 학교 대표 선수도 했다. 피아노는 기본이었다. 부모님의 압박도 없었고, 드라마 〈스카이 캐슬〉 같은 치열한 입시 상황도 아니었는데, 참으로 부단히도 많은 것을 배웠다는 것을 새삼 깨닫는다. 지원해주셨던 부모님께 감사하다.

이런 배움으로 기본기를 다질 수 있어서 좋았지만 한 영역에서 뛰어난 전문가가 되지는 못했다. 실력이 늘지 않거나 인정을 덜 받았던 영역은 일찌감치 포기할 수 있었고, 상대적으로 잘하는 것에 집중할 수 있었다.

성인이 돼서도 부단히 배웠다. 배우면 다 내 것이 될 것이다! 배워서 남 주나? 하면서 정말 쉬지 않고 배웠다. 새로운 트렌드를 접하면서 뒤처지지 않고 구식이 되고 싶지 않다는 생각은 평생 변함이 없었다. 그래서 지금도 BTS를 팔로우하고 뉴진스를 좋아한다. 물론 노래가 좋아서이기도 하지만 시대와 같이 흘러가고 있다는 소박한 자부심이 있다.

___

실행, 직선과 곡선의 만남

책을 많이 사지만 그만큼 많이 읽기는 힘들다. 책을 읽은 만큼, 느낀 만큼, 배운 만큼, 행동에 옮기기도 쉽지 않다. 그래서 요즘은 책을 읽고 나면 꼭 적용해서 실행할 것들을 적어본다. 사람들이 생각에서 행동으로 옮기기 힘든 이유 또는 새로운 것을 시도하거나 실행하기 힘든 이유를 얘기할 때 첫 번째 이유가 관성이고, 두 번째가 현재가 충분히 견딜 만하기 때문이라고 한다. 나는 이것을 신념의 부족이나 절박함의 미약으로 해석한다. 돌아보니 나는 겁이 많아서 실행이 더딘 적도 많았다. 너무 잘하려고 하다보니 실패에 대한 두려움으로 시도하지 않았던 것 같다. 즉 두려움과 불안 같은 부정적인 감정과 생각을 유발하는 내 안의 반^{反}자아가 나를 지배할 때 그랬던 듯하다. 그런데 참 몰랐다. 한 살이라도 젊을 때 실패하는 것이 삶의 긴 여정에서는 남는 장사라는 걸 말이다. 더 나이 들어 실패하면 그 임팩트도 크고 더 창피한 일인데 말이다. 하여튼 돌아보면 실패는 삶의 다양한 에피소드가 되었고, 모아보니 스토리가 되었고, 내 삶을 단조롭지 않게 다채롭게 해주었다.

실행은 쉽지 않다. 머리와 발은 세상에서 제일 먼 곳이기 때문이다. 그것을 가깝게 할 수 있는 방법은? 실행을 좀 더 쉽게 할 수 있는 방법은? 쪼개면 좀 쉬워진다! 춤에 좋은 예가 있다. 댄서들이 웨이브를 추는 것을 보면 정말 흐물흐물, 낙지처럼 몸이 유연하다. 춤에 '분절^{isolation}'이라는 게 있다. 댄서들은 멋진 웨이브를 추기 위해 필요한 기본 동작을 4단계로 쪼개서 연습한다. 기본 동작은 몸을 이용해 사각형을 만드는 것이다. 딱딱하게 느껴질 만큼 절도 있게 몸의 형태를 만들어야 한다. 이 기본 동작은 어깨와 가슴과 등과 배를 이용하는

데, 각 움직임이 절도 있게 분절되어야 한다. 오른쪽 어깨 빼고, 가슴 올리고, 왼쪽 어깨 빼고, 가슴 내리고…… 이 동작을 수없이 반복한다. 처음에는 느리고 각지게, 그다음에는 속도를 내서 연결한다. 그럼 웨이브가 탄생하는 순간이 온다! 수많은 직선이 연결되어 아름다운 곡선이 된다.

실행을 위해서는 계획하는 프로세스도 필요하다. 즉각적으로 결과를 내야 할 때도 있지만, 잘 조직화된 장기적인 계획이 필요할 때도 있다. 몇 년 전 당시 인기 최고의 마케팅 코스에서 배웠던 계획의 마법은, 큰 목표는 긍정적으로 크게 크게 수립하고, 그것을 세분화한 작은 목표는 심하다 싶을 정도로 세심하게 세우라는 것이었다. 이것과 연관되는 바둑 용어가 생각난다. 착안대국 착수소국著眼大局 著手小局! 큰 흐름을 읽은 다음, 끝을 생각하면서 실행은 작은 것부터 구체적으로 하나씩 풀어가라는 의미이다. 즉 먼 미래는 긍정적으로, 가까운 미래는 신중하고 촘촘하게 종종걸음으로 나아가야 한다는 것이다. 작은 행동이라도 시도하면 두려움을 극복하게 되고, 실패하더라도 배우게 되고 성취감을 준다. 작은 일이라도 직접 해냈을 때 느끼는 성취감은 우리를 더 큰 도전으로 겁없이 나서게 밀어준다.

조직인corporate person, 즉 직장인의 삶에서는 자신의 성과가 부단히 평가된다. 목표를 잘 성취해야 인정과 칭찬이 따르고, 그것이 자신의

성장

내재동기가 되어 에너지를 생성하고 힘을 주고 추진력을 만들어준다. 일은 잘해야 한다. '일잘러'에 대한 사례와 조언이 많은 세상이다. 미국 실리콘밸리의 한국 유니콘 기업 센드버드Sendbird의 김동신 CEO는 최고의 성과는 '메타 아웃풋meta output'이라고 정의했다. 단순히 인풋input 대비 아웃풋output이 아니라, 기대했던 아웃풋을 내는 과정에서 프로세스를 바꾸고 사람과 일에 커다란 영향력을 미치는 것을 '메타 아웃풋'이라고 한다. 나는 이것을 시냇물이 강이 되게 하고, 강이 또 다른 강을 만나 바다로 잘 흘러가도록 물길을 내는 것이라고 표현하고 싶다. 그런 성과를 내는 동료들과 함께한다면 일의 무게는 성장의 가능성으로 돌아올 것이다. 내가 기억하는 '일잘러'는 물론 좋은 결과물을 내는 사람들이었지만, 무엇보다 작업의 과정에서 끊임없이 질문하고 업무의 진행 상황을 되짚고 확인하면서 공유하는 사람들이었다. 흔히 말하듯 주어진 일만 하지 않고 자발적으로 추가적인 가치를 창출하려 노력하는 직원들이 진정 오래 함께하고 싶은 동료인 건 두말할 필요도 없다.

내가 성공한 순간에는 항상 사람이 있었다. 사람이 중요한 성공 요소였다. 조직에서는 혼자 일해서 탁월한 결과물을 내기보다는, 함께 일하면서 집단지성과 행동을 통해서 성과를 내야 하는 경우가 많다. 같은 팀에서 팀원으로서 협력하고, 다른 팀과는 협업을 통해서 기대하는 결과를 내는 것이다. 나는 팀원들에게 적어도 자기 분야에서는 회사를 대표하는 HR 전문가가 될 것을 요청한다. HR에는 인사관리, 인재개발, 조직문화, 노사관계 등 다양한 영역이 있다. 이것을 다 섭렵하는 HR 제너럴리스트^{generalist}가 되기까지는 시간이 필요하고, 제너럴리스트가 되기 전까지는 가장 탁월한 한 분야에 대한 인정을 받는 것이 필요하다.

전 직장에서 함께 일했던 동료가 생각난다. 지금도 기억이 생생한 '일잘러' 최대리는 당시 입사한 지 얼마 되지 않은 신입 사원이었는데 배움과 성장의 열망이 다른 직원보다 강했다. 책임감 있게 일했을 뿐아니라 일의 완성도를 높이기 위한 시간 투자, 상황 점검을 위한 피드백을 구하는 적극성과 노력이 다른 직원들과 확실히 차별화되었다. 최대리는 당시 성과평가 담당이었는데 회사의 CEO가 나에게 해당 영역의 전문가를 보내달라고 요청했을 때, 나는 주저하지 않고 최대리가 직접 CEO를 지원하게 했다. 물론 척척 잘해냈다! 직급과 상관없이 그녀는 대체불가 전문가였다. 그녀는 이후 쾌속 성장을 하고 있고, 자신의 잠재력을 더 확장해가고 있다. 일에서 전문성은 기본이라 굳이 강조하지 않는다. 직장이든 직업이든 인생에서 적어도 한 가지 영역에서는 대체불가 전문가가 될 필요가 있다. 이것이 진정한 스페셜리스트가 되는 길이다.

'일잘러' 또는 전문가가 되어 주목받고자 한다면 안목을 길러야 한다. 그런데 안목은 거저 얻어지는 것이 아니다. 하루 3시간, 10년, 1만 시간이 너무 길다면, 하루 1시간, 3년, 1,000시간은 어떠한가? 이 정도 시간은 몰입하는 경험과 투자를 해야 '해봤다', '좀 보인다'고 말할 수 있을 것이다.

직장 밖에서는 어떤가? '일잘러'로서가 아닌 내 삶의 영역에서는 굳이 성과를 밀어부치지 않아도 될 것이다. '일잘러'의 삶을 지속 가능하게 만들기 위해서는 일 밖에서 내게 에너지를 주는, 몰입하게 만드는, 즐기게 만드는 에너지 소스^{source/sauce}를 찾는 건 어떨까 한다. 굳이 성과가 없어도 꾸준히 하면서 그것에서 발견하는 즐거움과 기쁨을 꼭 느껴보는 것이 중요하다. 좋아하는 일을 오래 하면 잘하게 될 가능성도 높아지니 그 기대도 버리지 말고 말이다. 힘들어도 포기하지 않고 나의 안과 밖을 끊임없이 일치시켜가면서, 나라는 인간의 능력을 최대치로 끌어올려보는 것이 내 삶을 숙제가 아닌 축제로 만들거라는 믿음을 가지고 말이다. 쳐다보는 동안 냄비는 끓지 않는다. 바라보는 동안 바다는 건널 수 없다. Let's move!

자신이 더 빛나는 곳으로 가자

HR 업무를 하면서 제일 중요하게 생각하는 프로세스는 채용이다. 면접할 기회가 자주 있었다. 경력 직원은 이력서상의 경험과 전문성을 검토하고 면접을 통해서 사실 확인과 더불어 열정과 태도를 평가하게 된다. 신입 직원, 즉 대학을 갓 졸업한 학생이나 사회 초년생들을 채용할 때는 좀 다르다. 열정과 태도를 먼저 보고, 그것들이 이력서상에 잘 기술되어 있는가, 면접에서 잘 피력하는가를 본다. 벌써 10년 전 일이지만 기억나는 직원이 있다. 대학 4학년 졸업반이었고, 이력서를 정성스럽게 작성했다. 무엇보다도 기억에 남는 것은, 자신의 강점을 열거하고 그것이 발휘되었던 순간을 잘 정리했던 것이었다. 자신을 잘 파악하고 있다는 것, 그리고 그것을 자신의 성장 기회에 활용하고 있다는 것이 놀라웠다. 당연히 나는 그녀를 채용했다. 더 놀라운 것은, 그녀는 그 조직에서 지금까지 지속적으로 성장하고 있다는 것이다. HR 전체 프로세스에서 가장 중요한 일 중 하나가 올바른 채용, 좋은 인재 결정을 하는 것이다. 조직에 합류할 사람을 선택하는 것은 그들이 수행하는 업무만큼 중요하기 때문이다. 조직에서는 역할이나 일 자체보다는 조직이 선택한 사람들의 성격, 능력, 잠재력에 따라 결과물이 달라진다. 조직의 성장과 미래를 만드는 것은 개인의 특성, 그리고 그들이 모여서 만드는 집단적 특성과 역동성이다.

조직의 성장을 위해 가장 중요한 것은 'Right people on the bus', 즉 적합한 인재를 채용하는 것이다. 적합한 인재란 일하고자 하는 기업의 목적을 이해하고, 추구하는 조직문화 및 인재상과 어울리며, 일에 대한 열정과 전문성을 가진 사람이라고 말할 수 있다. '고용'이 단순히 일할 사람을 뽑는 것이라면, '채용'은 심혈을 기울여 묻혀 있는 것을 파내^挖 골라서 뽑는다는 것이다.

대학생 또는 취업 준비생들을 위한 강의에서 채용을 위한 3단계 과정을 얘기한다. 제 1단계는 자신을 설명할 수 있는 자료를 준비하는 것이다. 이력서나 자기소개서를 만들고 셀프 브랜딩이 잘된 자료를 정리한다. 제 2단계는 면접 과정이다. 준비한 내용을 잘 설명하고, 면접관에게 최고의 모습을 보여줄 수 있어야 한다. 제 3단계는 잘 보여준 자신의 모습이 조직과 성공적으로 연결될 수 있도록 물리적, 환경적인 조건들을 검토하는 최종 프로세스이다.

1단계는 면접자의 독립적인 작업 과정이고, 2단계는 면접자와 면접관의 상호작용이 일어나는 과정이다. 2단계에서는 많은 것이 검토된다. 이력서에 기술된 강점과 성취, 업무에 대한 열정 및 전문성, 질의응답을 통해 보여지는 면접자의 태도 등 다각적인 검토가 이루어진다. 이력서와 면접 사이에서 일관성을 발견하는 경우도 많지만, 차이점을 발견하는 경우도 많다. 매력적인 면접자는 면접 때 일관성에 더하여 이력서에 없던 것들, 즉 정성적인 부분이나, 예기치 못한 상황을 통해 경험치를 드러내기도 한다. 면접관의 예상치 못한 질문에도, 준비를 많이 한 면접자는 솔직한 답변과 더불어 오히려 자신이 준비한 다른 내용을 피력하거나 면접관에게 질문을 던져 상황을 반전시킴으로써 숨은 능력을 발휘하기도 한다. 어차피 완벽한 면접자는 없다. 하지만 어떤 경우는 면접자에게 너무 매혹되어 놓치면 안 될 것 같다는 불안감마저 주는 면접자도 있었다. 그러면 당연히 채용에 이르는 경우가 많았다. 그 면접자가 내가 탁월한 인재 결정을 했다는 확신을 주는 고성과자가 되기를 기대하면서 말이다.

요즘은 고성과자high performer를 '일잘러'라고 부른다고 한다. 일에 관하여 예전에는 '일벌레' 또는 '워커홀릭'이라는 단어들이 있었는데, 조직형 인간으로서의 다분히 부정적인 의미도 있었던 것 같다. 아무튼 나는 워커홀릭이었다. 늦은 야근 후에도 일을 기대만큼 끝내지 못한 아쉬움, 심지어 허무감으로 잠이 든 적이 많았다. 아침에 눈을 뜨면 일 목록이 눈앞에서 아롱아롱거려서 출근 길이 급했다. 언젠가 이현상(!)을 당시 홍콩 상사에게 얘기했더니, 그분의 해석은 의외로 단순했다. 나의 강점 중 하나인 '성취'가 발휘됐다는 것이었다. 잘하고

성장

싶어하는 열망과 소진되지 않는 내안의 불꽃inner fire이 발휘된 것이라고! '왜 그렇게 일을 많이 했는가'라는 질문을 받을 때, 그냥 '잘하고 싶었다'는 단순한 답을 했다. 돌아보면 일을 덜했어야 한다고 생각하지는 않지만, 나의 에너지와 자원을 좀 더 효율적으로 관리하면서 일했어야 한다는 생각은 든다.

'일잘러'의 정의는 다양하다. 기대 성과를 잘 내는 사람, 일의 과정에서 팀워크가 좋고 연대를 잘하는 사람, 동료애를 넘어서 전우애로 목표를 함께 달성하는 사람, 인풋 대비 아웃풋 이상으로 메타 아웃풋을 내는 사람들을 '일잘러'라고 부르곤 한다. 나의 경험도 그리 다르지 않다. 어릴 때는 결과에 무척이나 목을 메고 일하느라 과정을 살피지 못했고, 사람들과의 관계에서까지 좌절하는 경우도 많았다. 같은 회사에서 일하다 이직한 직원에 대한 섭섭함으로 관계를 끊는 경우도 있었고(당시 나에게 이직은 배신 같은 것이었다), 내가 열심히 하는 만큼 남들도 열심히 하기를 바라는 막연한 기대감에 열심히 일하지 않는 직원들과는 사이가 틀어지는 경우도 많았다. 나는 회사와 나를 동일시했고, 회사가 마치 나의 회사인 것처럼 일하거나 행동하기도 했다. 지나친 충성(?)이었다는 생각이 한참 후에나 들었다. 욕먹는 건 당연히 따라오는 반갑지 않은 반응이었다. 오죽했으면 대리 시절에 선배 직원들의 비난, 즉 '네가 사장이냐'라는 직격탄을 맞기도 했고, '부사장'이라는 별명도 얻었다. 그때는 칭찬인 줄 알았는데, 그게 아니었다는 걸 한참 지나 알고 나서 얼굴 붉힌 적이 있었다.

조직에서 경력이 쌓이고 높은 직책으로 올라갈수록 전문성이나 혼자 하는 일의 결과보다는 협업과 영향력으로, 또는 연대와 유대를 얼마나 잘 맺는가로 평가받는 경우가 많아진다. 혼자 하는 일은 없다는 것이다. 나는 함께 일하던 동료들의 덕을 많이 입었다. 돌아보면 그들은 자신의 업무에 최선을 다한 것은 기본이고, 자신이 더 잘할 수 있는 걸 하면서, 나는 내가 가진 강점에 집중할 수 있도록 세심하게 열심히 지원해주었다. 내가 정말 소중하게 생각한 동료 한 명은 모든 업무를 조직화하는 능력이 탁월했다. 연극이나 영화에 비유하자면 '감독'이었던 것이다. 나는 그녀가 창조한 무대에서 연기했고, 좋은 성과를 많이 이루었다. 나는 그녀와의 팀워크와 협업이 그립다. 그녀도 그럴 것이라고 기대해본다.

그래서 요즘 나는 '일잘러'를 개인적/개별적 역량으로 만들어내는 성과보다는 어떻게 함께 일하는가로 판단한다. 조직에서는 어떤 일도 혼자 잘해서 성취하는 경우가 드물기 때문이다. 이것은 팀의 성과를 위해 팀원 각각의 강점이 어떻게 건설적으로 활용되는가와도 긴밀하게 연결된다. 조직에서, 팀에서 함께 일하는 동료의 강점을 아는 것은 어떻게 팀의 가장 큰 자원인 개인의 강점을 잘 투입해서 탁월한 결과물을 내는가에 지대한 영향을 미친다.

갤럽에서 매년 전 세계 수천 개의 기업을 대상으로 실시하는 '직원 몰입도employee engagement' 조사에서는 단 12개의 질문으로 조사가 완료된다. 그 12개 질문 중 하나가 '나는 내가 잘하는 것을 매일 할 기회가 있는가'이다. 이것은 단순해 보이지만 답하기가 쉽지는 않은 질문이다. 그 이유는 첫째, 내가 잘하는 게 무언지 알아야 하고, 둘째, 그것이 내 일에서 발휘될 기회가 있어야 하고, 셋째, 거기 더해서 그것이 매일 발휘될 수 있어야 하기 때문이다. 이 세 가지 관문을 통과해야 답할 수 있는 질문인 것이다. 강점이 만들어내는 몰입도, 그리고 그 몰입도와 성과와의 연관성은 이미 통계에서 증명된 바 있다. 강점에서 성과로! 그러기 위해서는 여러 개의 과정이 있는데 시작점이 자기 발견이고, 그다음은 그것이 팀과 연결되는 것이고, 마지막으로 성과로 귀결되는 것이다. 복잡함이 정리되지 않는가? 물론 팀 안에서의 역동성에 대한 이해와 다양성에 대한 존중을 바탕으로 탁월한 팀을 만들어야 한다는 건 기본이다.

직장 생활 초기를 돌아보면 나의 평판은 열심히 일하고 책임감이 강하다는 것이었다. 그래서 선배들이 일을 많이 시키기도 했지만, 예쁨도 많이 받았다. 그러면서 성장했다. 만약 일 많은 팀에서 일한다면 그만큼 배움의 기회가 많은 것이다. 재능이 많이 쓰일 수 있는 곳이라면 성장의 속도가 빠를 것이고, 새로운 것을 많이 시도할 기회가 주어진다면 내 다음 경력의 선택지를 넓힐 수 있을 것이다. 결론적으로, 어떤 조직이라도 나를 위한 기회는 무한하다. 가끔 너무 맞지 않는 회사라 힘들다고 고민하는 후배의 얘기를 듣는다. 나는 처음에는 일단 맞춰라, 그리고 그 상황이 지속되면 세 번 고민하고 이동하라고 얘기한다. 최선을 다했으니 미련도 남지 않을 방법이다. 그렇게 이직하더라도 예전 동료들과의 연결고리는 가능한 놓지 않기를 바란다. Don't burn the bridge! 연결된 상태로 앞으로 전진하라!

강점으로 브랜딩하라

평생 나 자신에 대한 이해만이라도 잘할 수 있다면 삶에서 그것보다 소중한 열매는 없다. 그러나 그 소명을 제대로 이행하는 사람은 많지 않다. 아니 매우 적다. '나는 누구인가?'라는 제목의 책을 검색해보니 약 160권의 책이 나온다. 그만큼 자신에 대한, 자신의 삶에 대한 궁금증과 의문이 많다는 뜻일 것이다. 그리고 그것이 자신이 얼마나 성장할 수 있는지, 자신의 가치는 어떻게 인정받을 수 있는지 하는 고민으로까지 연결되는 것 같다.

학교 교육이 완료되는 시점이 대략 20대 중반이라고 하면 그 이후부터는 공부한 것을 활용하는 자기만의 선택이 시작된다. 조직에서 자신의 가치를 찾아보는 경우도 있고, 일찌감치 홀로서기independent worker를 선택하는 경우도 많아진다. 나는 대학 졸업 이후에 거의 모든 경력을 조직인으로 살았다. 어쩌다보니 다국적 기업에서 33년을 근무했고 지금은 국내 기업에서 일하고 있다. 몇 번의 이직을 하면서 모두 각기 다른 산업군에서 일했고, 첫 직장부터 지금까지 모든 상사가 CEO였다. 한국인 CEO, 독일인 CEO, 미국인 CEO를 지원했고, 돌아보니 모두 남성이었다. 시간이 지날수록 나는 나이가 들어가는데 CEO는 점점 젊어졌고, 지난 10년은 나보다 어린 CEO와 함께 일했다 (현재 상사가 제일 젊다). 대부분의 상사는 나의 성과에 만족했던 것으로 기억한다.

강점진단에 의하면 나의 Top 5 강점은 Input, Achiever, Includer, Positivity, Ideation이다. 태생이 긍정적이지는 않지만, 강점 전도사가 되면서 긍정성도 높아졌다. 이 강점을 내 삶에, 내 일에 효과적으로 적용했더라면, 하고 아쉬워질 때가 있다. 아예 경력 초기에 컨설팅과 같은 업무를 했더라면 경력의 성장 속도는 더 빨라지지 않았을까, 라는 생각도 든다. 정보와 배움에 강하고 스테미나와 근력이 좋으니 말이다. 물론 이 강점은 조직 생활에서 성장하는 데 많은 도움을 주었다. 즉 나의 지금의 모습을 만드는 데 큰 무기이자 지지 요소가 되었다.

강점진단을 좀 더 일찍 하고 코칭을 받고 질적인 성장을 추구해보기를 권한다. 경력의 성장은 역경(!)을 얼마나 거쳤는가에 비례할 수도 있지만, 그래도 외부에서 오는 고통보다는 많은 시도에서 오는 배움과 적절한 시스템을 바탕으로 한 자기 발견을 통해서 자신의 강점 강화 정책으로 승부를 걸면 좋겠다는 생각이 든다. 존경하는 철학 교수님이 끊임없이 '건너가기'를 강조하는데, 여기서 '건너가기'는 이 세계에서 다른 세계로 나를 던지고 이해하고 확인하고 성장하는 것을 의미할 것이다. 나는 이것을 부단한 성장을 위한 시도라고 이해했다.

갤럽 강점진단을 하고 나면 상세 리포트가 나온다. 진단을 하는 것은 매우 좋은 시작이다. 그러나 진단으로 끝내는 것이 아니라 그것을 이해하고 어떻게 자신의 성장과 삶의 웰빙에 활용할지를 고민해야 한다. 그 첫걸음으로, 리포트를 근거로 강점 코칭을 받을 수 있다. 나는 코치 대상자의 강점 파악에 도움을 주어야 한다는 사명감으로 신나게 코칭을 시작했다. 나는 코치로서 리포트의 최상위에 있는 강점에 대해서 얘기를 시작하지만, 코치 대상자는 그보다는 리포트의 최하위에 있는 재능부터 훑어본다. 그리고 내게 묻곤 했다. "이 바닥에 있는 'non-strengths'[4]('약점'이라고 칭하고 싶지 않아서 이렇게 쓴다) 는 어떻게 개선해야 하나요?"

강점은 맞고 약점은 틀리다? 우리를 진정한 성공으로 이끌어주는 것은 강점이다. 강점을 강화하고 약점을 '관리'하는 것이 우리의 성장과 성공을 돕는다. 삶은 유한하고 해야 할 일도 많다. 무언가를 이루려 한다면 소유하고 있는 물리적, 정신적 자원을 강점에 투자해야 한다. 우리의 강점은 생각보다 더 강하고, 또 약점은 생각보다 더 약하다. 강점을 더 강하게 하면 약점을 없애지는 못한다 하더라도 상대적으로 왜소하게 만들 수 있다.

초등학교, 중학교, 고등학교까지 성적표를 받았고, 부모님 확인 도장을 받아서 학교에 제출해야 했다. 대부분은 정직하게 부모님께 보여드렸고, 칭찬보다는 야단맞은 적이 더 많았다. 어학 실력이 상대적으로 다른 과목보다 우수했으나 아버지는 항상 내가 수학과 과학을 못한다는 것에 대한 실망을 감추지 못했다. 나는 수학을 잘하려고 과외까지 받았다. 그럼에도 불구하고 당시 대학 입시에서 수학을 50점 맞았다. 아, 그 노력을 어학에 더했더라면 지금 나는 나의 강점이 더 잘 발휘되었을 곳에서 괄목상대하게 성장했을 것이다. 없는 것을 창조하려 하지 말고, 내 안에 있는 것을 더 끄집어내고 거기에 투자했어

---

4 갤럽 강점진단을 하고 나면 강점 코치의 도움을 받아 브리핑을 받게 되는데, 갤럽에 의하면 리포트 맨 하단에 있는 약점은 '개선'하는 것이 아니라 '인식'하고 '관리'하는 것이다. 그리고 그 약점(갤럽에서는 'weakness'라는 단어보다는 'non-strengths'라는 단어를 쓴다)이 본인의 삶과 일에 주요한 영향을 주지 않는다면, 그것이 리포트의 하위에 있더라도 자신의 삶과 업무의 성공에 크게 문제되지 않는다고 한다.

야 했다. 당시의 부모님이 그런 이론을 알 리 없었고, 내가 무엇을 좋아하는지, 무엇이 되고 싶은지도 묻지 않았던 부모님이 아쉽기도 하다. 하지만 그때는 다 그런 시절이었다.

'성장의 기회는 어디서 오는가?'라고 내게 물어본다면 이렇게 답하겠다. 첫째는, 자신이 지금 하는 일에서 온다. 둘째는, 자신이 좋아하는 것을 탐구하는 여정에서 온다. 여러분이 지금 발을 딛고 있는 그곳에서 성실한 열정으로 성장하면서, 내가 원하는 곳을 향한 도전을 지속해보자. 새가 날기 위해서 날개는 2개면 충분하다. 일찌감치 세종대왕도 강점에 대한 통찰이 있었다. 인유일능人有一能, 즉 완전한 인재는 없지만 한 가지씩은 누구나 탁월하게 잘할 수 있다는 이 말은 1444년 세종대왕이 인재등용 정책을 펼치며 한 말이다.

나의 강점이 나의 브랜드의 시작이다. 약점 개선이 아닌 강점 강화를 통하여 세상의 보편성을 넘어서 압도적으로 다른 자신의 독특함을 발견하고, '넘버 원'이 아닌 '온리 원'을 추구하는 것! 인생은 100미터 달리기가 아니라 마라톤이다. 그러나 모두 한 방향을 향해 뛰지 않는다면, 360도로 뛴다면 모두 1등 아닌가? 작고하신 이어령 박사님이 하신 말씀이다. 독특함과 강점으로 성장하고 승리하는 그 성장의 여정을, 그 뚜벅뚜벅 나아가는 걸음을, 그리고 그 춤을 응원한다. 그것이 나중에는 탱고가 되고 왈츠가 되고 힙합이 될 수 있을 것이다.

아니 나만의 춤으로 남아도 좋다.

　꽃은 더 예뻐지려고 경쟁할까? 그럴 수도 아닐 수도 있다. 그러나 그 생김새와 색깔과 향이 같은 것은 없으며, 피는 시기도 다 다르지만 모두가 각자 아름답게 존재한다. 여러분이 찾아야 하는 별은 어느 하늘에 있을까? 하늘의 별을 찾기보다는 여러분 안에 빛나고 있는 별을 먼저 찾기를, 그리고 그 별이 찬란하게 반짝이도록 힘껏 안아주고 사랑하기를 응원한다. 언제나 여러분 편입니다!

시대에 따라 달라지는 것도 있지만 삶의 본질은 같습니다.

개성이 중요하다고 말하면서

정답만 추구하면 모순이 아닌가요?

위로만으로 청년들이 성장하지는 못합니다.

스스로 지혜를 찾고 깨달아 성공적인 인생이 되기를 바랍니다.

태도

좋은 선택으로 이끄는 인생의 방향키

장동철

한양대학교 영문과 졸업
前) 현대자동차 인사담당 전무
前) 현대모비스 부사장
2022 《제법 괜찮은 리더가 되고픈 당신에게》 출간

우리는 내일에 대한 기대와 희망으로 살아가며, 희망이 있는 곳에는 늘 설렘과 두려움도 함께 있다. 학업을 마치고 사회 생활, 특히 직장 생활에 첫발을 내디딜 때는 더욱 그렇다. 지금까지 학교에서 배운 것은 앞으로 다가올 인생에 필요한 최소한의 것이었지 충분하지 않기 때문이다. 자신을 성장시키기 위해서 새로이 배워야 할 것도 끊임없이 생겨나며, 자신의 목적을 성취하고 돌아서자마자 다시 한걸음 더 나가야 하는 것이 인생이라서 그렇다. 이 길은 누구도 쉽게 포기할 수도 없고 포기해서도 안 되는 길이다. 그런데 이 길을 걸어가며 누구나 성공적인 직장 생활과 행복한 삶을 꿈꾸지만 의외로 많은 사람들이 꿈을 이루지 못한다.

어떻게 하면 성공적인 직장 생활을 할 것인가? 그래서 나는 32년이라는 시간을 인사담당자로 지낸 경험을 나누려고 한다. 직장인으로서 삶과 일에 대해서 어떤 마음가짐, 어떤 태도와 습관으로 살아갈 것인가? 누구에게나 다가오는 역경과 시련을 어떻게 성장의 기회로 삼을 것인가? 이 두 가지는 직장 생활 내내 내 머릿속에서 떠나지 않는 숙제였다. 이 화두를 가지고 모두가 조용히 자신에게 적합한 사유의 시간을 가져보았으면 한다.

어떤 시선으로 세상을 바라볼 것인가

벌써 30년이 훌쩍 지났다. 현대그룹에 입사하여 그룹 연수를 마치고 현대자동차로 배치를 받은 지가. 배치 후에 신입 연수교육을 한 달 정도 받았고, 첫 근무지는 현대백화점 무역센터점 맞은편에 있는 영업지점이었다. 그곳에는 40명 정도의 영업직 직원 그리고 영업 활동을 지원 및 제반 관리하는 업무를 담당하는 직원이 8명 있었으며, 나는 지원 업무 중 할부판매 차량채권 관리 업무를 맡게 되었다.

이공계 출신자는 이미 공장이나 연구소에 근무하는 것으로 결정되어 있었으나, 인문사회 계열 전공자는 대다수 나처럼 영업지점에 배치를 받았는데 모두들 불만스러운 표정이었다. 나의 입사 동기들은 대부분 해외 영업, 마케팅, 사업 기획 등의 업무를 기대했으나 그런 부서에 배치받는 경우는 거의 없었다. 당시에 인문사회 계열 전공자는 대부분 본사 관리 부문에서 근무하게 되어 있었으며, 신입 연수 후에 일정 기간을 영업 현장에서 근무하는 원칙이 적용되던 시절이었다. 직원 채용도 직무 단위로 직원을 선발하지 않고 이공계와 인문사회 계열 정도만 구분하여 일괄적으로 선발해서 부서에 배치하는 것이 일반적이었다. 그래서 신입 사원 연수를 마치고 나면 개별 당사자에게는 부서 배치가 매우 중요한 순간이었다.

　지금 돌아보면 배치에 대한 불만을 내 나름대로 잘 소화했던 것이 직장 생활을 잘할 수 있는 첫걸음이었다. 다른 동기들과는 다르게 회사의 인사 원칙을 잘 이해하고 있었고, 배치에 대한 나의 생각이나 태도가 매우 긍정적이었다. 다시 정리하면, 내 의지와 상관없이 발생한 외부 환경을 바라보는 나의 시선, 즉 마음가짐이 기본적으로 긍정적이었으며, 이런 태도가 나를 성공적인 직장 생활로 이끌어준 것 같다.

　입사 동기들 중에는 배치에 대해서 불만을 품고 한 달 내에 다른 회사로 옮겨 간 사람도 있었으며, 회사는 다니고 있지만 다른 직장으로 이직하려는 사람도 있었다. 그런데 나의 경우는 회사에서 이런 결정을 할 때에는 분명히 그럴 만한 이유가 있을 것이며, 후에 내게 적합한 일을 맡게 될 것이라는 긍정적인 생각이 먼저 들었다. 또한 스스로가 신중하게 선택하고 어렵게 입사한 회사를 하나의 부정적인 상황 때문에 포기하고 싶지도 않았다. 어쩌면 이러한 긍정적인 시선이 오랜 세월 직장 생활을 가능하게 만들었으며, 때로는 힘들고 괴로운 일이 생겨도 남들보다 쉽게 극복할 수 있게 하였다.

　직장 생활을 시작하던 35년 전과 마찬가지로 지금도 새롭게 시작하는 모든 사람들에게 삶의 본질은 크게 다를 수 없다고 생각한다. 우리는 늘 당장 눈에 보이는 현상에만 시선을 두고 판단하기 때문에 잘못된 결정을 하거나 첫 단추를 잘못 꿰곤 한다. 지금은 그때와 다르다고 생각하는 사람도 있을 텐데, 현상에만 집착하면 본질을 흐릴 수 있다는 생각을 해볼 필요가 있다. 당장 내게 보이는 현상이 때로는 본질을 흐리게 하고 스스로를 힘들게 하며, 그리하여 스스로 어려운 길을 걷는지도 모르는 일이다.

지점에 배치받은 첫날부터 나는 사무실에서 가장 먼저 출근하는 사람이 되었다. 내가 무엇을 해야 하는지 알 수는 없었으나, 누구도 출근하지 않은 이른 아침 사무실에서 창을 열어 실내 공기를 환기시켰다. 하루 이틀 지나면서 정수기에 물통을 갈아놓는 일 또는 컴퓨터와 프린터를 연결하는 일, 밤사이 잠겨 있던 서류함을 열어놓는 일 등을 막내인 내가 누가 시키지 않아도, 알아주지 않아도 스스로 찾아서 했다. 이런 행동이 하루, 이틀, 며칠 만에 그친 것이 아니라 여러 날, 여러 달이 지속되니 담당 과장이나 선배들이 자연스럽게 변화를 느끼게 되고 사무실 분위기도 좋아졌다. 물론 나에 대한 평판도 좋을 수밖에 없었다.

여러 사람이 함께 일하는 곳에서는 누군가는 해야 하지만 꺼려하는 일들이 있게 마련이다. 누군가가 해야 하는 일이라면 신입 사원인 내가 스스로 먼저 해야 한다는 마음을 갖고 있었는데, 이것이 나 스스로를 새로운 환경에 빨리 스며들게 하고, 주변으로부터 긍정적인 평가를 받게 했던 것 같다. 만약에 내가 누구에게 잘 보이고 싶은 의도나 목적을 가지고 있었더라면 이것이 힘든 일이 되었을 텐데, 내가 해야 할 일이라고 생각하니 꾸준히 할 수 있었으며, 남들에게 나의 진심이 보여져서 직장 생활을 처음부터 즐겁고 편안하게 시작할 수 있었다.

직장 생활뿐만 아니라 삶의 모든 것들이 마음가짐과 태도에 달려 있다고 해도 과언이 아니다. 자신이 처한 현실보다 그것을 어떤 시선으로 바라볼 것인가가 중요하다. 대부분의 어리석은 친구들은 자신이 처한 현실에서 자신을 주체라고 생각하지 않고 객체(주변인)로 생각하고 행동한다. 게다가 모순되게도 일은 남의 일처럼 하면서 주인처럼 행동하고 싶어한다. 그래서 자신에게 조금이라도 불편한 일이 생기면 당황하거나 불만부터 터뜨린다. 그렇다고 그 환경을 떠나거나 포기하지도 못하면서 말이다. 닥쳐온 현재의 문제를 바꿀 능력도 의지도 없어서 회피하며 주변인으로 살아가는 것이다. 특히 이런 경우에는 문제의 중심에 서지 못하고 집단 내에서 겉돌게 될 가능성이 매우 높다. 어려운 문제가 생겼을 때 자신의 내면을 먼저 살펴보는 것이 아니라 환경을 탓하며 핑계나 변명거리를 찾는 데 익숙해지기도 한다. 이런 태도로는 주변으로부터 좋은 평가를 받기가 어렵다.

이러한 마음가짐이나 태도로 살아가면 청년의 시기에 처음부터 잘못된 길을 걷고 있는 것이다. 처음에는 이런 마음가짐의 차이가 눈에 크게 보이지는 않지만, 이는 시간이 흐르면서 인생을 완전히 바꿀 수도 있는 매우 중요한 차이이다. 무엇을 시작할 때에 어떤 마음가짐을 가지고 있느냐는 그래서 중요하다. 그런데 의외로 많은 사람들이 외부의 환경보다는 자신의 시선, 즉 마음가짐이 중요하다는 것을 모르는 채 살아가는 경우가 많다. 예상하기 힘든 인생이라는 여행에서 의외의 나쁜 환경이나 충격에도 영향을 덜 받고 스스로 자신의 길을 꿋꿋하게 가야 한다. 삶의 진정한 주인이 되어서 성공적인 길을 찾아가려면 '스스로 세상을 어떻게 바라볼 것인가'가 가장 중요하다는 것을 잊지 말아야 한다. 어쩌면 이런 시선이나 마음가짐이 자신의 삶 전체를 지배하고 미래를 결정지을 수도 있다.

——

현재를 사랑하는가

새로운 직장, 새로운 환경에서 정착을 잘하려면 자신이 속해 있는 조직에 대한 소속감이 있어야 한다. 좀 더 분명하고 강하게 표현한다면, 현재 일하고 있는 회사나 팀에 책임감을 갖고 있느냐는 이야기이다.

어떤 사람들은 직장에서 적당히 일하고 그것에 합당한 보수만 받으면 된다고 생각한다. 얼핏 보면 꽤 합리적인 이야기처럼 들린다. 그러나 그렇게 되면 현재 일하고 있는 곳은 그저 경제 생활(돈을 버는 일)을 하는 곳, 그 이상의 의미를 갖지 못한다. 그런데 단순하게 노동을 제공하고 품삯을 받는 곳을 직장이라고 생각한다면 성공적인 직장 생활도, 목표로 하는 인생도 성취하기 쉽지 않다.

자신의 개인적인 삶과 일에서 어느 한쪽으로 치우치지 않으며 균형을 잘 지켜가되 조직이나 타인에게 좀 더 헌신한다는 마음을 갖는 것이 매우 중요하다. 지내온 시간을 살펴보면 무슨 일을 하든지 내가 몰입하며 헌신하지 않고서 얻는 것이 별로 없었기 때문이다. 세상에 공짜는 없다는 말이 그래서 통용되는 것이다. 자신의 노력이나 헌신이 부족한데도 좋은 결과를 기대한다면 그런 사람은 도둑과 다르지 않으며 성공적인 인생을 살아갈 가능성이 매우 희박하다.

만약에 노력에 비해서 얻은 것이 크다면 즐거워할 일이 절대로 아니다. 오히려 독이 될 수 있기 때문에 위기로 여겨야 한다. 이미 수차례 들었던 이야기라서 진부하게 들리겠지만 쉽게 얻은 것은 쉽게 잃게 되며, 그런 일들은 인생의 위기를 자초하게 만들기도 한다. 많은 사람들이 당장의 양보나 헌신을 손해 보는 일이고 어리석은 일이라고 생각하는데, 노력이나 헌신은 절대로 배신하지 않는다. 특히 젊은 시절은 인생에 투자하는 시기이다. 미래를 좀 더 성공적으로 살고 싶다면 지금 뜨겁게 자신의 일에 몰입해야 한다. 열심히 살았는데 만족스러운 일이 없다면 한 번도 뜨겁게 노력도 헌신도 하지 않았을 가능성이 크다. 노력도 헌신도 하지 않았으면서 자신의 현재 모습을 객관화하지 못하고 스스로 노력하고 있다고 착각하고 있을 뿐이다. 이는 미래에 불행한 일이 될 것이다.

어떤 일에 대해 노력과 헌신을 하려면 현재 속해 있는 조직에 대한 소속감이 있어야 한다. 신입 사원 연수를 마치고 현대자동차에 배치받은 다음 날부터는 주차장에서 현대자동차의 수를 세어보는 것이 습관이 되었다. 도로 정체로 서 있는 차들을 보면 은연중에 어느 브랜드의 차량인지 확인하고 있었다. 나도 모르게 회사에 대한 소속감이나 애착이 강했다는 뜻이다. 이런 마음을 지니고 있으니 일에 대한 열정과 책임감이 남달랐을 것이다. 회사에서 하는 일에 긍정적이었으며, 함께 일하는 사람에게도 항상 능동적이며 적극적인 사람이 될 수 있었다.

물론 소속감이나 책임감이 부족한 사람도 좋은 결과를 내는 경우도 있지만, 쉽게 번아웃burn-out되거나 작은 상처나 이익에 흔들려서 조직을 떠나가는 경우를 자주 보았다. 소속감이나 애착은 일할 때 쉽게 지치지 않도록 끊임없이 에너지를 공급해준다. 사랑하는 사람과는 몇 시간을 걸어도 힘이 들기는커녕 즐겁고 의미 있는 것과 같은 이치다. 긴 안목으로 미래를 보고 현재에 충실하며 즐겁고 보람 있게 살기 위해서는 내가 먼저 소속감을 가지고 조직에 진심으로 헌신할 필요가 있다.

물론 앞에서 삶과 일의 균형에 대해 언급하였듯이 한쪽으로 지나치게 쏠리면 건강을 잃거나 가정에 소홀해지기도 한다. 그래서 열심히 일하는 가운데에도 마음속으로는 항상 자신의 삶의 본질적인 목적과 자신을 끝까지 지켜줄 가정을 생각하여야 한다. 이것이 요즘 말하는 '워라밸'의 본질이 되어야 한다. 소속감이나 책임감이 지나쳐서 삶과 일의 균형을 잃게 되는 경우를 경계해야 한다는 말이다. 내 경험으로 볼 때 조직(회사)은 절대로 개인적인 특성이나 환경까지 보살펴주지는 않기 때문이다.

그럼에도 불구하고 자신이 속한 조직에 애착과 책임감을 가지고 일을 하라는 것은, 그러면 일의 완성도가 높아질 뿐만 아니라 일에 대한 남다른 시선으로 남들이 보지 못하는 것을 볼 수 있기 때문이다. 이런 사람들이 탁월한 성과를 낼 수 있으며 미래의 리더로 성장할 가능성이 높다. 소속감은 결국 자신을 사랑하게 하고 자신이 원하는 것을 성취하게 하는 중요한 요소다. 다시 말해서 직장은 인생에서 경제 생활을 위한 단순한 일터 이상의 의미가 되어야 한다. 자신이 성장하고 자신이 추구하는 삶을 완성해나가는 공간이 되어야 한다.

어떻게 행동할 것인가

국내에만 정규직 7만여 명이 근무하는 기업에서 인사담당자로 오랜 기간 일했다. 덕분에 수많은 사람들, 수많은 구성원들을 세밀하게 살펴보는 것이 나의 일이자 습관이 되었다. 정말 다양한 사람들이 함께 일한다는 것을 매일 느낄 수 있었다. 그런데 비슷한 사람은 있어도 똑같은 사람은 없었다. 이번에는 그 많은 사람들을 살피면서 겪고 얻은 경험을 통해서 어떻게 살아갈 것인가에 대한 생각을 나누고자 한다.

나는 학창 시절부터 바르다고 여겨지는 가치 기준을 따르려는 특성이 매우 강한 편이었다. 물론 세상을 알아가면서 기존에 몰랐던 새로운 가치들을 배워서 생각의 범주를 넓히려고 노력했으며 누구에게나 배워야 할 점이 많다는 것을 알고 있지만, 일부 선배들의 모습에서 '저렇게는 하지 말아야지!' 하는 잘못된 부분이 있으면 절대로 따르지 않았다. 특히 그 사람의 생각이나 행동의 본래 목적을 깊게 살피면서 그것이 옳지 않다고 판단하면 특히 그러했다. 그러면서 만약에 미래에 내가 리더의 위치에 오르게 되면 어떤 리더가 될 것인지를 생각하곤 했다. 회사에서 부여받은 목표는 당연히 달성해야 하겠지만, 무엇보다도 함께 일하는 과정에서 동료, 후배, 직원들과 즐거운 직장 생활을 하고 싶었다. 그들에게 행복을 가져다주는 리더가 되고 싶었던 것이다. '내가 무엇이 되는가'보다 중요한 것은 '내가 어떤 지위에 있을 때 어떻게 행동할 것인가'였다. 이것은 내 직장 생활에서 가장 중요한 화두였다. 이런 마음가짐이 나의 행동에 많은 영향을 미쳤다. 팀원 시절부터 지키고자 수도 없이 마음먹었던 가치들이 팀장에서 부사장에 이르기까지 17년 동안 나의 삶의 기준이 되었다.

대다수의 사람이 무엇이 되기 위해 정말 많은 노력을 한다. 어린 시절에는 연예인, 의사, 스포츠 선수, 교사, 공무원 등 어떤 직업을 갖기 위해 노력한다면, 성인이 되어서는 어떤 지위를 얻기 위해 집중한다. 그런데 진정으로 성공한 인생을 살고 인생의 진정한 승리자가 되려면 '무엇이 되겠다'라는 것도 중요하지만, '어떻게 살아갈 것인가', '어떻게 행동할 것인가'에 집중하는 것도 중요하다. 우리의 삶이 힘들고 어려워지는 것도, 누구나 행복을 원하지만 그렇지 못한 것도, 이것의 순서가 뒤바뀌어서 그렇다는 생각을 자주 하곤 한다. 우리는 타인에게 보여지는 것에 치중하는 사회에 익숙해져 있다. 왜 그 자리에 가려는지, 그 목적이 무엇인지도 모르고 그저 그 자리에 오르는 사람도 많다. 타고난 재능과 노력을 다해서 그 자리를 차지해도 훌륭한 사람이 되지 못하는 이유가 여기에 있다.

지금 하는 이야기가 지극히 주관적으로 들릴 수도 있지만, 인사를 담당하면서 남들보다는 좀 더 많은 정보를 가지고 좀 더 많은 상황을 세심하게 볼 수 있었기 때문에 비교적 객관적인 판단일 것이다. 지난 30여 년 동안 수많은 임원들을 보았다. 때에 따라서는 그 사람의 상황에 따른 마음까지 살펴보면서 일했기 때문에 일반인보다는 비교적 상세하고 입체적으로 보려고 노력했다. 내가 경험한 바에 의하면 높은 지위에 있어도 그의 판단이나 행동을 보면 그렇게 훌륭하지 않은 사람도 꽤 있었다. 물론 훌륭한 사람들이 대다수이겠지만 회사의 이익보다는 자신의 이익을 위해서 당장에 성과가 잘 보이는 일을 하려는 사람도 있었다. 그들은 성공해서 높은 지위를 차지해 재물을 누리고 영향력을 행사하는 것이 목적으로 보였다. 이런 리더들은 자신을 위해서 다른 것들을 희생시킨다. 겉으로 보기에는 자신이 맡은 조직을 위해서 최선을 다하는 것 같지만 궁극적으로는 그렇지 않은 것이다. 훌륭한 업적을 이뤄낸 선배들을 탓하려고 이런 말을 하는 것이 아니다. 세상을 좀 더 아름답고 멋지게 살아가려면 무엇이 되는 것도 물론 중요하지만, 그것보다는 어떻게 살며 어떤 기준으로 살 것인가가 훨씬 중요하다고 이야기하고 싶어서 이런 말을 하는 것이다.

무엇이 되는 것, 즉 지위를 얻는 것이 우선인 사람들을 살펴보면 부끄러운 일을 하게 될 가능성이 많다. 자신의 기준에서 옳지 않은 일에도 타협하게 된다. 당장의 이익을 위해서 자신을 버리는 것은 물론, 때에 따라서는 타인을 배신하는 일도 서슴지 않는다. 그러면서 스스로를 합리화한다. 겉으로 보이는 결과가 당장은 훌륭해 보이지만, 그를 가까이에서 바라보는 다수의 후배의 눈에는 아주 불편하게 보이게 된다. 자신을 평가하는 몇 명의 상사들의 눈은 속일 수 있을지언정 그를 바라보는 많은 후배들의 시선은 비켜갈 수 없다.

이런 삶의 기준은 아주 젊을 때부터 훈련하지 않으면 지켜가기 쉽지 않다. 특히 목표가 바로 앞에 보이면 그것을 이루기 위해서 상식과 도덕, 법과 원칙을 저 멀리에 던져놓는 사람들도 보았는데, 높은 지위에 오른 사람일수록 누구보다도 높은 도덕성과 고매한 인격을 갖춰야 하는 것도 이런 경우가 있기 때문일 것이다. 자격이 부족한 사람이 재능만 가지고 높은 지위에 오르면 조직에 나쁜 영향을 미친다. 당장은 잘 보이지 않을 수 있으나 장기적으로는 조직에 큰 피해를 주고 만다.

직장 생활을 성공적으로 하려면 마음가짐을 바르게 하고, 양심 있게 행동해야 하며, 성과도 내야 하는데, 그러기 위해서는 그 무엇이 되려는 목적이 앞서기보다는 오늘 하루 지금 이 순간 내가 해야 할 일에 대해서 어떻게 좋은 판단을 내리고 어떻게 행동할 것인가에 대한 기준이 잘 형성되어야 한다. 이것은 젊은 시절부터 준비해야 하는 것이지 어느 날 높은 지위를 얻었다고 생기는 것은 아니다. 지위를 얻고 나면 오히려 주어진 권한이나 영향력으로 행동이 전보다 나빠질 가능성이 더욱 높아진다. 그래서 한 해라도 젊은 시절에 '어떻게 살 것인가'를 잘 정립해야 한다.

무엇이 되는 것도 중요하다. 그러나 '어떻게 살 것인가, 어떤 마음가짐으로 행동할 것인가' 하는 기준을 정립하기 위해 더 많은 노력을 기울여야 한다. 지위나 명예 같은 것들은 마음가짐이나 태도가 잘 갖추어진 다음에 주어져야 하는 것이다. 그래야 본인은 물론 타인 그리고 조직에 진정한 도움이 되고 본인도 성공적인 인생을 살게 될 것이다.

———

어떤 습관을 가질 것인가

나는 어릴 때부터 지독하게 지켜온 습관이 있다. 남들보다 일찍 시작하는 습관이다. 학창 시절에 아무도 등교하지 않은 조용한 교실 문을 열 때의 그 희열은 정말 무엇과도 바꾸지 못한다. 이런 습관은 회사를 그만두는 그날 아침까지도 이어졌다.

습관은 학습된 행위가 되풀이되어 저절로 익숙해진 행동 방식을 말한다. 다시 말하면 좋은 습관은 에너지를 많이 필요로 하지 않으면서도 의도한 행동을 저절로 되풀이하게 해 결과에 큰 영향을 미칠 수 있다. 그래서 성공적인 삶을 위해서 좋은 습관과 태도를 가져야 하는 것은 더 이상 강조할 필요도 없다.

사무실에 남들보다 빨리 출근하면 좋은 점이 참 많았다. 사무실에서 혼자만의 시간을 갖고 자신을 돌아보며 하루를 시작할 수 있는 것이 큰 도움이 되었다. 특히 이른 아침에 어제의 일을 잠깐 돌아보고 하루의 일과를 어떻게 처리할 것인지를 메모하며 계획하는 것은 직장인으로서 매우 중요한 습관이었다. 좋은 습관은 어떤 사람에게는 어려운 일이지만, 당사자는 힘들이지 않으며 잘할 수 있는 일이다. 남들은 그걸 어떻게 해내느냐고 묻기도 하지만 정작 당사자는 그렇게 하지 않으면 오히려 불편하다고 느끼는 것이다.

여기서 예를 든 '빠른 출근'은 나의 개인적인 습관의 예일 뿐이며, 이런 습관이 모두에게 적용되지는 않을 것이다. 자신의 환경에 맞는, 그리고 좀 더 넓게 보아 자신이 살아가야 하는 인생에 맞는 좋은 습관을 가져야 한다. 모두에게 필요한 좋은 습관의 다른 예를 들면, 상대의 이야기에 대한 경청과 공감, 상대를 배려하거나 존중하는 행동이나 말을 들 수 있다. 이런 습관은 살아가는 데는 물론 직장에서 업무 능력을 펼쳐나가는 데도 사실은 매우 중요한 부분이다. 이런 습관을 가진 사람들이 업무 습득 능력이 비교적 빠르고 기한 내에 일을 처리하는 능력을 갖출 수 있다. 직장에서 일한다는 것은 개인의 능력만으로 하는 것이 아니라 여러 사람이 모여서 함께 하는 것이기 때문이다. 때로는 타인으로부터 배워야 하고, 타인에게 도움을 청할 때도 있으며, 반대로 남을 도와야 할 때도 자주 있기에 그러하다. 일을 바라보는 시선이나 접근하는 방식이 좋은 사람들은 일 처리에 신속함과 정확함을 갖추기 쉽고 성실성과 능력을 인정받는 것은 말할 필요도 없다.

마음가짐이나 태도, 습관이 잘 형성된 사람은 동료나 선배들이 먼저 호의를 갖고 다가와 긍정의 시선으로 보아주기 때문에 웬만한 실수는 관용으로 이해해준다. 또한 중요한 프로젝트에 함께 참여하길 바라기 때문에 시간이 갈수록 좋은 경험을 축적하게 되며, 그래서 성장의 속도가 빠를 수밖에 없다.

앞서 예로 들었던 빨리 출근하는 습관이 언제나 정답이 될 수는 없다. 일의 특성에 따라 어떤 습관이 중요한지는 좀 다를 수 있기 때문이다. 그러나 마땅히 해야 할 일이라면 남들보다 미리 준비하고 철저하게 하려는 습관을 가지는 것은 매우 중요하다. 학습하고 익숙해지기까지는 다소의 노력이 요구되는데, 무엇이든 일정 기간 반복하면 아주 쉽게 원하는 것을 이룰 수 있다.

그런데 좋은 습관을 새로 가지려 해도 익숙한 환경에서는 그러기가 쉽지 않다. 그래서 주변 환경이 바뀌는 것은 새로운 습관을 갖추기 위한 좋은 기회가 된다. 왜냐하면 익숙한 환경에서는 새롭게 좋은 습관을 만들려고 굳은 결심을 해도, 주변 사람들이 기존에 인식하고 있던 나에 대한 고정된 평판 때문에 난항을 겪는 경우가 많기 때문이다. 이에 반해 새로운 환경에서는 내가 보여준 그대로의 모습이 기준이 되기 때문에 타인들은 그것을 인정하며 내가 보여준 그대로의 모습을 기대하게 된다. 그래서 새로운 환경이 시작될 때가 새롭게 좋은 습관을 만들기에 좋은 시기이다.

좋은 습관을 들이는 데는 상당한 노력과 시간이 필요하다. 어느 행동연구소에서 조사한 결과에 의하면 새로운 좋은 습관을 만들기까지는 평균적으로 66일이 걸린다고 한다. 습관의 종류에 따라 다를 수 있겠지만 내 경험에도 두세 달 정도면 웬만한 일들은 몸에 익숙해지는 것 같다. 그런데 이것을 허물고 나쁜 습관으로 다시 돌아가는 데에는 많은 시간이 필요하지 않다. 그러니 좋은 습관은 아무에게나 주어지는 것이 아님을 마음에 새겨두어야 한다. 진심을 다해 꾸준히 몸에 익혀야 가능한 일이다.

높아지려 하면 낮아지고 낮아지려 하면 높아진다

앞에서도 잠깐 언급했지만 일을 잘하고 직장 생활을 잘하려면 동료와의 관계도 매우 중요하다. 어느 회사나 함께 일하는 동료들끼리 협업을 잘하며 사람들과 좋은 관계를 유지해야 하는 것은 필수이다. 특히 신입이거나 이직 또는 전보 등으로 새로운 낯선 환경에 가게 되면 모든 일에 새로 적응해야 한다. 모든 것을 다시 배워야 하는 때이니 특별히 선배들과의 관계 설정이 잘되어야 하는데, 이때 가장 필요한 것이 '겸손'이다.

나와 함께하는 모든 사람이 나의 선생님이라고 생각하는 것이 좋은 태도이다. 내가 처음 경험하는 새로운 곳이라면 더욱 그렇다. 저마다 역량이나 재능, 성격 등이 다르고, 경력과 직급에도 위아래가 있지만 분명한 것은 내가 배워야 할 것이 많다는 것이다. 이런 태도는 타인과의 관계를 좋게 만들어줄 뿐만 아니라 자신의 외연을 넓혀서 성장하는 데 가장 기본적이고 중요한 태도이다. 자신의 재능이나 직급

등을 내려놓고 부족함을 깨닫는 것은 스스로를 겸손하게 만든다. 이런 사람은 어디에서나 환영받고 끊임없이 자신을 성장시킬 수 있다.

직장에서 생각보다 많은 사람들이 겸손하지 못해서 실패하는 경우를 보았다. 최고의 유수 대학에서 최고의 학위를 받고 학생 때부터 탄탄대로를 걸어온, 스펙이 뛰어난 사람 중에서 겸손하지 못하여 어리석음에 빠지는 경우를 가끔 보았다. 물론 자신의 재능과 노력으로 많은 성취를 이루며 인정을 받아서 지위를 얻을 수도 있다. 그러나 그런 사람들 중 일부는 자신이 항상 최고이고 자신의 생각이 항상 옳다고 여기는 경우가 있다. 때로는 자신이 실수를 해도 잘못을 인정하는 것을 싫어한다. 자신과 다른 생각을 인정하는 것도 좋아하지 않는다. 아무리 훌륭한 사람도 완벽하지 않다는 것을 잊고 사는 것이다. 이런 사람을 독불장군 또는 '헛똑똑이'라고 부르는 것 같다. 그렇게 되면 주변에 친구도 많지 않으며 자신의 능력을 인정받기도 쉽지 않다. 이런 사람은 실력을 인정받고 그가 가진 배경이 후광이 되어줄 때까지는 잘 지내왔을지 모르지만, 결국 크게 성장하지 못하는 모습을 가끔 보게 된다. 만약에 그가 능력에 겸손까지 갖추었다면 훨씬 훌륭한 인재로 성장하여 조직에 보다 좋은 영향을 줄 수 있을 것이다.

지금 새로운 곳에서 시작하는 사람 또는 신입 직원의 자세로 겸손을 이야기하고 있지만, 사실 겸손은 지위의 높고 낮음, 지식의 많고 적음, 돈의 많고 적음을 떠나서 누구에게나 인생 전체에 필요한 삶의 태도다. 어느 정도 지위가 있고 능력이 있어도 겸손하지 못하면 좋은 사람으로 성장할 수 없고 그 능력을 충분히 평가받기 어렵다. 태어난 기질이 겸손하지 못하더라도 항상 세상에는 나보다 한 수 위의 고수들이 도처에 있다는 것을 깊이 명심해야 한다. 그래야만 겸손하지는 못해도 최소한 교만해지는 일은 없을 것이다. 자만이나 교만은 자신을 성장시키지 못하며 성공을 하는 듯하다가도 결정적인 때에 추락하게 만들 수 있다.

겸손한 태도를 가진 사람은 진심으로 스스로를 낮추는 데 익숙하기 때문에 중간은 간다. 겸손한 사람은 자신의 부족함을 알고, 타인의 좋은 점을 먼저 알아보며, 타인을 존중하는 마음이 깊은 곳에 있기 때문이다. 그래서 겸손한 사람은 실제 탁월한 지식이나 재능을 가졌더라도 항상 다른 사람으로부터 배울 준비가 되어 있다. 이런 사람은 타인과의 관계에서도 신뢰를 쌓아가며 정작 자신은 가만히 있어도 남들로부터 실력을 인정받는 날이 오게 된다. 이 모든 것은 겸손함으로 세상을 살아가는 태도에서 비롯된 것이다. 서로에게 크게 관심이 없고 경쟁이 치열해서 자기 PR이 필요한 시대라고 하지만, 그럼에도 불구하고 겸손은 자신을 성장시키는 원동력이 되며 인생의 진정한 승리자로 만들어주는 아주 중요한 덕목이다.

시련이라는 성장 학교

　새들은 공기 저항이 없으면 날 수가 없으며, 자동차도 지면에 마찰력이 없으면 달릴 수 없다. 우리가 살아가는 데도 시련이라는 삶의 저항이 언제든지 찾아올 수 있다. 이것은 당장에 우리를 힘들고 불편하게 하지만, 사실은 이것으로 인해서 우리는 목적하는 바를 이루고, 목적을 이루는 과정을 통하여 성장하며, 우리의 삶은 더욱 아름다워진다.

　도종환 시인이 "세상의 어떤 꽃도 흔들림 없이 피는 꽃은 없다"라고 표현한 것처럼, 한 번도 아파보지 않고 성장하는 사람은 없다. 살아가는 동안에 모든 일이 잘 풀려갈 때가 있지만 그렇지 않을 때도 있다. 하는 일마다 어려움을 겪고 높은 벽에 부딪히기도 하며 잘되지 않을 때에는 깊은 나락으로 떨어지는 느낌을 받곤 한다. 그런데 이때가 자신이 크게 성장하는 시기였다는 것을 어려움을 겪어보고 이겨낸 사람만이 알 수 있다.

　이번에는 살아가는 동안에 어려움이 찾아왔을 때에 관한 이야기를 나누려고 한다. 누구에게나 꿈이 있고, 그것을 이루고자 하면 반드시 어려움에 부딪히게 된다. 이러한 시련과 역경은 어쩌면 자신의 삶을 보다 아름답게 만들어가는 성장 과정이며 성공적인 삶을 살아가기 위한 필수 과정일 수도 있다. 그래서 우리는 참고 인내하며 내일을 향한 희망을 잃지 않는 것이다. 그러나 모든 시련에도 자신이 가고자 하는 방향, 즉 '어떻게 살아갈 것인가'에 대한 분명한 철학과 원칙이 있어야 시련과 역경이 성장의 발판이 되고, 인생의 성공적인 계단이 되어줄 것이다.

고개 들어 멀리 보라

조직 내에서 인정받고 순탄하게 직장 생활을 하는 사람도 어떤 이유에서든지 힘든 순간, 아니 때로는 긴 힘든 과정을 겪을 수 있다. 그리고 어려움이 크게 닥쳐왔을 때에는 스트레스가 가중되어 스스로를 제어할 수 없는 순간을 경험하기도 한다. 특히 새로운 환경에 적응하려고 할 때에는 하나부터 열에 이르기까지 모든 것이 생소하다. 낯선 것들과 마주할 때 생기는 기대감도 있지만 적지 않은 스트레스도 있다. 그런데 이런 스트레스의 원인도 결국 먼저 자신에게서부터 찾아서 해결하는 것이 좋다. 자신의 부족함을 먼저 인정하는 것이다. 어떤 일이든지 자신에게 일어나는 일은 크든 작든 자신과 직·간접적으로 연결되어 있으며, 자신에게 최소한 일부의 책임이 우선 있다고 생각하게 되면 어려움을 극복하는 데 도움이 된다. 그런데 일부 사람들은 '나'라는 문제의 중심에서 벗어나 회피하려고 하며 변명거리부터 찾는 경우가 있다. 이러한 경우는 잠시 동안 문제에서 벗어나는 것처럼 보이지만 곧 더 큰 문제와 마주하게 된다.

신입 사원 때에 영업지점에서 채권관리 업무를 담당하고 있었다. 고객으로부터 채권서류를 구비하는 영업 직원들은 물론 보증보험사의 협력 직원과도 업무 관계가 좋고 서로 친밀하게 협업이 잘되어서 즐겁게 일하고 있었는데, 뜻밖의 큰 실수를 발견하게 되었다. 규정에 맞지 않게 채권관리를 하여 수십억의 부실 채권을 발생시킨 것이다. 30년도 훨씬 전에 그 당시 강남의 아파트 몇 채 가격과 맞먹는 액수였던 것으로 기억한다. 굳이 이 문제의 발단을 짚어보면 보증보험사에서 정확하게 요건을 제시하지 못한 것에 일부 책임을 물을 수 있었다. 하지만 내게 이 사실은 크게 중요하지 않았다. 이번 일의 담당은 바로 나 자신이라는 것을 잘 알고 있었다. 문제는 바로 나에게 있었다고 생각하니 이 문제를 해결하기 위한 로드맵이 그림처럼 머릿속에 떠올랐다. 문제는 실제로 실행에 옮기는 것이었다. 다시 고객에게 가서 미비한 서류를 받아야 했으며 때로는 추가로 비용을 지불해야 했다. 쉽지 않은 일이었지만 한 달이 지나기 전에 문제 없이 완벽하게 해결했다. 물론 문제를 발견하고 나서 직속 상사에게 곧바로 보고도 했다.

이 실수를 통해서 얻은 것이 참 많다. 평소의 인간관계의 중요성과 인간의 다양성에 관해 많이 느꼈다. 나의 문제를 솔직하게 이야기하자 자기 일처럼 도와주는 사람이 많았지만, 그렇지 않은 사람들도 있었으며, 당연히 자신이 지불해야 할 비용인데도 미온적으로 대처하는 사람들도 있었다. 나는 이 일을 통해 부하 직원의 실수까지도 포용하는 태도를 배우게 되었다. 부하 직원이 실수하였을 때에 그것이 더욱 성장하는 계기가 되도록 위로하고 격려하는 방법을 배우게 되었다.

실수란 어떤 측면에서는 자신의 부족함을 깨닫고 겸손을 배우며, 한발 더 나아가 실력을 기르는 과정이다. 좋은 경험이 많은 사람은 이론보다는 실전에 강하고 말보다는 행동으로 성과를 낸다. 실전을 통해 성장한 사람들은 위기가 왔을 때 당황하지 않는다. 문제에 대해서 왈가왈부하는 시간에 지금까지 쌓았던 실력으로 행동하며 해결하는 법을 알기 때문이다. 이런 사람들이 미래에 조직의 리더가 되어야 구성원들이 배울 것도 많고 조직도 성과가 잘 난다.

의외로 많은 사람들이 역경을 이기지 못해 좌절하는 이유는 크게 두 가지로 볼 수 있다. 첫째, 삶의 철학이 없으며 목적도 분명하지 않기 때문이다. 그래서 당장에 편하고 유익한 것만 찾아 다니며 먼 미래를 보지 못한다. 둘째, 자신감이 없으며 실제 실력도 부족하기 때문이다. 그래서 치열한 경쟁 사회에서 자신의 잘못을 인정하기 더욱 어려워지고 살아남기 위해서 일을 비정상적인 방법으로 해결하려고 한다. 그러나 시련을 자신을 힘들게 하는 것이 아니라 아직 가보지 않은 길을 겪고 배우는 인생의 과정으로 생각해야 한다. 당장에는 혼돈스럽고 겪어내기 어렵겠지만 자신이 향하는 목적지를 바라보면서 현재의 어려움을 극복하는 능력을 키워야 한다. 처음에는 작은 파도에도 견디기 힘들겠지만 다양한 파도를 몇 번 경험하다보면 어떤 파도가 밀려와도 담담하게 기다리는 어부처럼 먼 미래에 서 있어야 할 곳을 바라보며 현재를 이겨나갈 수 있다. 마음속 깊이 바라던 목적에 집중하면 현재의 고통을 이겨낼 힘이 생기고, 고통의 시간도 비교적 빠르게 지나간다. 지금 벌어지는 현상에 흔들리지 않으며 본질에 집중하는 것이다. 시련에 굴하지 않고 꿋꿋하게 정도를 찾아서 걸으며, 자신의 부족함을 채워가는 것은 성공적인 직장 생활 그리고 멋진 인생을 만들어줄 것이다.

사랑하는 사람을 생각하자

아무리 뛰어나고 훌륭한 사람이라도 어려운 과정은 있다. 보통 밖에서 바라보는 사람들은 성공한 사람의 화려한 결과에만 집중해서 그렇지, 아픔 없이 성장하거나 성공하는 사람은 없다. 큰 어려움 없이 얻은 성공을 높게 평가하지 않는 이유도 여기에 있다. 아픔을 겪어보지 못하고 성장하거나 시련이나 역경의 과정 없이 성공하면 오히려 얻은 것을 쉽게 잃게 되는 경우가 많아서 인생에 오점이 되기도 한다.

어쩌면 이 책을 읽고 있는 독자 중에도 이미 큰 어려움을 겪었거나 그 과정에서 힘들어하는 분들이 있을 것이다. 무엇이 잘못되었는지 뚜렷하게 보이지 않고 미래가 보이지 않을 때에 혼자서 고민하면 해결할 수 있는 부분이 있고 그렇지 못한 부분이 있다. 스스로 문제의 실마리를 잡아서 에너지를 쏟아낼 힘이 남아 있을 때는 스스로 일어서면 된다. 하지만 마음 깊이 침체되고 현실을 회피하고 싶을 정도로 어려울 때에는 마음을 열어서 어려움을 토로하고 위로해줄 사람이 있어야 한다. 그럴 때는 부모님, 형제, 아내, 친구나 직장 동료 등 지금까지 나를 사랑해주는 사람들과 내가 사랑해야 하는 사람들을 생각해보면 된다.

아무리 훌륭한 사람이라도 인간은 누구나 불완전하다. 그래서 사람들과의 소통이 필요하고 협력이 필요한 것이다. 나는 세상에서 가장 어리석은 사람이 자신이 제일 잘난 줄 아는 사람이라고 생각한다. 세상에는 자신이 알지 못하는 대단한 고수들이 도처에 있다는 생각을 가지고 스스로를 낮추어 겸손할 필요가 있다. 그래야 자신이 힘들고 지칠 때에 힘이 되어주는 사람을 찾을 수 있다. 세상 사는 일이 갈수록 어려워지는 것도 이런 사랑과 위로 그리고 공감하며 응원해주는 사람이 없어서 그렇다는 생각을 해본다. 아무리 세상이 복잡해지고 다변화되고 과학 문명이 발달하고 개인주의화된다고 할지라도 사람은 사람들 속에서 성장하는 것이다. 그래서 어려움을 겪을 때에는 자신을 사랑해주는 사람을 찾아가서 자신의 어려움을 보여줄 수 있어야 한다. 그리고 그 사람으로부터 위로를 받고 힘을 얻어야 한다.

사직서를 써서 몇 달째 상의 안주머니에 넣고 다닌 적이 있었다. 더 이상 직장을 다닐 엄두가 나질 않았다. 내가 선택했고 내가 사랑하는 직장인데, 일과는 상관없는 환경의 변화로 인해서 일의 즐거움을 잊은 채로 2년을 보내고 있었다. 그나마 일을 마치고 집에 돌아오면 딸들이 아빠를 부르며 현관 앞으로 달려올 때마다 새 힘을 얻고 힘든 일들을 잠시나마 잊곤 했는데, 어느 날은 그것마저도 위로가 되거나 힘이 되지 못했다.

그러던 중 회사를 그만두고 싶었던 마음에 불을 지르는 일이 있었다. 문제는 중요한 임원 인사명령에 오타가 있었던 것을 모르고 회사 게시판에 게시하는 나의 실수가 발단이 되었는데, 그날따라 상사는 일을 해결하기보다는 자신에게 닥칠 문제에 대한 두려움으로 내게 험한 말로 심하게 역정을 냈다. 보통 내가 실수하면 웬만한 질책에는 수긍하지만 당시에는 이미 회사에 마음이 떠나 있어서 그러지 못했다. 드디어 떠날 용기가 생겨나는 순간이었다. 드디어 회사를 떠나야 할 때가 왔다는 확신이 드는 순간이었다.

그날 저녁에 퇴근해서 아내에게 사직서를 냈다고 거짓말을 했다. 아내와 가족에 대한 책임감 때문에 마지막으로 아내의 생각을 떠본 것이다. 아내의 답변은 이러했다. "당신이 오래전부터 힘들어하는 모습을 보아왔어요. 당신이 보여준 정도의 노력이면 무슨 일을 하든 잘할 수 있다고 생각해요. 나는 당신이 정말 잘 결정했다고 생각해요. 나는 당신의 생각을 존중해요."

아내의 이런 답변에 나는 마음속으로 눈물을 흘렸다. 그리고 무슨 일이 있어도 나 스스로 직장을 포기하지 않겠다고 다짐했다. 나를 믿고 사랑하고 이해해주는 아내의 마음이 고스란히 전달되었기 때문이다. 어쩌면 이런 과정을 통해서 아내의 사랑을 확인하고 그 사랑을 바탕으로 나의 내면이 더욱 강하고 견고해졌을 것이다. 정말 힘들고 어려울 때에 나에게 위로가 되고 힘이 되어줄 사람이 있어야 한다. 사랑하는 사람이 있어야 한다. 아내의 사랑 앞에서 오랜 시간 동안 쌓였던 괴로움과 사직에 대한 고민이 눈 녹듯이 사라졌다. 만약에 그때 직장을 포기했더라면 내가 지금만큼 성장하지는 못했을 것이다.

누구나 세상을 아름답게 살고 싶어한다. '아름다운 삶'을 우리가 흔히 바라는 '행복'이라고 표현해도 틀리지는 않을 것이다. 영국문화협회가 4만 명을 대상으로 세상에서 가장 아름다운 단어를 뽑으라고 했더니 'mother'가 가장 많이 선택되었다고 한다. 그 기사를 읽으면서 내 삶에 가장 많은 영향을 미친 것은 무엇일까 돌아보면 단연코 '어머니의 사랑'이다. 지나온 삶이 행복할 수 있었던 것은 어쩌면 어린 시절에 어머니로부터 받은 사랑 덕분일 것이다. 어려서 사랑을 배우고 성장하여, 사랑으로 가정을 이루어 독립하고, 자녀를 두고 책임감을 가지며 사랑하는 것은 어쩌면 인간이 누려야 할 가장 근원적이고 기본적인 일일 것이다. 또한 사랑이란 것은 누구나 살아가면서 가족은 물론 이웃과 주고받아야 할 사회적 책임이 아닌가 생각해본다. 그래서 우리는 사랑하며 끊임없이 성장하고 성공적인 인생을 만들어 가는 것일지도 모른다.

바다는 비에 젖지 않는다

"바다는 비에 젖지 않는다." 중국의 대문호 지셴린의 책 《지셴린의 인생》에서 가져온 말이다. 누구나 힘든 일을 겪지만 모두가 그것을 이겨내지는 못한다. 그러면 어떤 사람이 시련을 이기고 자신이 목적하는 것들을 이루는가? 도량이 큰 사람이 되어야 한다. 어떤 힘든 현실도 받아낼 수 있을 만한 큰 그릇이 되어야 한다. 그렇지 않다면 아무리 좋은 지위나 명예의 자리를 제안받았다 하여도 함부로 덥석 수용해서는 안 된다. 자격이 안 되는 사람이 어떤 위치에 서게 되면 본인은 물론 여러 사람에게 나쁜 영향을 주게 된다. 큰 그릇이 되지 못하는 사람이 당장에 운 좋게 지위를 얻고 시련을 피해나간다 하여도 언젠가는 불명예스러운 일을 당하고 말 것이다. 그것이 세상의 이치다.

사람의 인격이라는 것은 재능이나 능력 그 이상의 고귀한 것이다. 세상을 살아가면서 마음을 어떻게 쓰느냐의 문제다. 살아가다보면 정말 인격이 형편없으며 어처구니없는 사람을 만날 수 있다. 이런 사람이 상사라면 힘든 시기를 겪게 된다. 이는 자신을 돌아볼 수 있는 아주 좋은 기회가 된다. 이런 사람과 어쩔 수 없이 함께해야 한다면 타산지석으로 삼아야 한다. 그 사람에 대한 문제로 스트레스를 받기보다는 오히려 자신의 부족한 점을 살피며 채우는 시기로 삼아야 한다. 자신의 도량을 키워서 나보다 부족한 사람을 포용하는 사람으로 성장해야 한다. 때로는 그 사람이 나보다 선배일지라도 이해하며 배려하는 것을 배우는 시기로 삼아야 한다. 미래에 더 큰 어려움을 겪어도 흔들리지 않는 사람이 되기 위한 과정이 되어야 한다.

나에게도 직장 생활이 정말 재미없고 '이런 생활을 계속해야 하나' 하면서 지낼 때가 있었다. 일이 힘들고 어려우면 노력을 더 하면 된다. 내가 부족하다는 것을 깨닫고 나를 훈련시키면 된다. 그러나 생각이 아주 다른 상사를 만났을 때는 정말 힘들었다. 특히 사람 됨됨이가 아주 부족한 데 반하여 성취 욕구는 매우 강하며 개인적인 욕심이 많은 상사일 경우에 말이다. 그는 과거 지향적이라서 조직의 발전이나 일에는 관심이 없고 주변에 잘 보여서 자신의 이익을 도모하는 일에 집중하며 자신에게 필요한 사람의 눈치만 살핀다. 그 밖의 사람들에게 인격적인 존중을 하는 것은 기대할 수 없고 함부로 대하거나 이용할 뿐이다. 더욱 가관인 것은 다른 사람들로부터 손가락질을 받는다는 것을 본인은 모르고 있으며, 자신이 일을 잘하는 것처럼 포장한다는 것이다. 아마도 당장 겉으로 보기에 누군가의 눈에는 성공한 사람처럼 보일 수도 있으나, 내 눈에는 평생 좋은 친구를 한 명도 만나기 어려운 외롭고 불쌍한 사람으로 보였다.

이런 사람을 상사나 동료로 만나게 되면 참고 기다리는 수밖에 없다. 환경이 나쁠 때에는 나 스스로를 살피면서 무너지지 않도록 마인드 컨트롤을 해야 한다. 세상은 항상 내 뜻대로 흘러가지 않으며, 특히 어떤 조직에서도 상사는 부하 직원이 컨트롤할 수 없는 영역이다. 이때를 자신이 좀 더 성장하기 위한 때라고 여기며 스트레스를 관리하는 능력을 키울 필요가 있다. 한 번도 경험하지 못한 황당한 일도 접해보게 되지만 그저 경험의 범주를 넓히는 때라고 여기며 이겨내야 한다. 이렇게 견디기 힘든 사람을 겪어내려면 화를 다스리며 참고 기다릴 줄 아는 그릇이 되어야 한다.

나에게는 은퇴하고 나서 몇 년이 지나도 찾아오는 후배들이 많다. 고맙기도 하고 미안하기도 해서 가끔 이런 말을 한다. "회사 일이 바쁠 텐데, 나를 위해서라면 이제 찾아오지 않아도 괜찮아." 그들의 대답은 거의 같다. "저희가 뵙고 싶어서 찾아오는 것입니다. 함께 일했을 때가 그립고 시간이 되면 얼굴 한번 보고 이야기 나누는 것이 즐거워서 오는 것입니다." 구체적으로 이야기하자니 부끄럽기는 하지만, 함께 일하던 시절에 이런 말을 많이 들었다. '상사인데도 많은 위로를 받는다. 공감을 자주 느낀다. 덕분에 즐겁게 일한다. 자발적으로 열심히 일한다.' 특히 수년 동안 함께 일했던 후배는 어떻게 화를 한 번도 내지 않을 수 있는지 궁금하다고 했다.

이런 이야기를 들으면 자신을 다시 돌아보게 된다. 나 또한 부족한 인간인데 어찌 화가 나지 않을 수 있을까? 단지 표출을 자제하는 것뿐이다. 아마도 후배들은 그런 모습에서 인간적인 매력을 느꼈을 것이다. 주니어 시절에 하루에도 몇 번씩 화를 내고 부하 직원을 쥐 잡듯이 하는 상사를 여러 번 보았다. 그 모습을 바라보며 저렇게 행동해서는 아무것도 얻을 수 없다는 생각을 했다. 이는 자신의 인격이 부족함을 나타내는 것일 뿐만 아니라 일의 성과를 내는 데에도 전혀 도움이 되지 않으며 주변 사람들만 힘들게 하는 행동이라고 생각했다.

보통 습관적으로 화를 내는 상사의 부하 직원들을 보면, 겉으로는 순순히 그 질타를 받아내지만 마음속에서는 반성과 각성보다는 불편한 감정이 앞서는 것을 느꼈다. 비록 상사의 말이 옳다고 해도 상사의 고약한 성질 때문에 '개가 짖는다'고 생각하는 것이다. 마음 깊이 반성하거나 상사의 의견이나 행동에 따르지 못하게 되는 것이다.

특히 감정을 섞어서 화를 내는 것은 앞에서도 밝혔듯이 일을 잘하게 하고 문제를 해결하는 데 도움이 안 될 뿐만 아니라 부하 직원을 육성하는 데도 좋지 않은 방법이다. 도량이 작고 성마른 상사가 직원에게 화를 내면 당장에는 조직의 문제가 해결되는 것처럼 보이지만, 길게 보면 자신의 화풀이를 하는 것일 뿐 조직을 위한 일이 되지 않는 경우가 많다.

팀장 시절에 한 직원이 얼굴이 사색이 되어 매우 걱정스러운 모습으로 자신의 실수를 보고하였다. 그의 표정을 보니 엄청난 번민과 고뇌, 반성하는 기색을 역력히 읽어낼 수 있었다. 나는 이런 상황에서 그에게 화를 낸다는 것이 얼마나 불필요한 일인지를 순간적으로 깨달았다. 나는 아주 차분하고 명료하게 몇 마디 조언을 해주는 것으로 보고받는 것을 짧게 마쳤다. "문제의 심각성은 알았다. 해결 방법을 알고 있느냐? 해결하는 데 내가 도와주어야 할 일은 무엇이냐? 나는 너만할 때에 더 큰 실수도 했으니 걱정하지 말아라. 잘 해결될 것이다."

사실 그 일은 그 직원의 입장에서는 큰 문제였지만, 나는 이미 마음속으로 어떻게 해결할지를 생각하고 있었고, 그에게 위로가 되는 말이 필요하다는 것을 알았다. 그리고 현재의 문제에 대한 그의 인식이나 해결에 대한 노력 내지는 책임감을 판단할 뿐이었다. 다행히도 그의 실수는 회사의 손실 없이 잘 해결되었다. 세월이 지난 후에 그 친구가 내게 이야기했다. "만약에 그때 크게 꾸중을 들었더라면 아마도 실수에 대한 중압감 때문에 회사를 떠났을 겁니다." 그 친구와는 그로부터 20년이 지난 지금까지도 연을 이어가면서 서로에게 좋은 기억으로 남아 있다. 구성원들과 함께 일하면서 일보다는 사람을 먼저 생각해야 한다. 정말 위로가 필요할 때 한마디의 말이 한 사람을 좋은 인재로 만들 수도 있으며, 반대로 그를 좌절시킬 수도 있다는 것을 직장 생활을 통해서 여러 번 느꼈다.

아무리 기술이 발전하고 자본의 영향력이 커지는 세상이 되었다고 하여도 그 중심에는 사람이 있어야 한다. 특히 미래에 좋은 리더가 되려면 변화하는 복잡한 세상 속에서 사람을 소홀히 여겨서는 안 된다. 자신을 힘들게 하는 인격적으로 형편없는 사람마저도 이해하고 사랑으로 감싸는 커다란 도량이 필요하다. 이는 궁극적으로는 본인을 위한 일이다.

세상에 힘든 일은 있어도 해결하지 못할 일은 없다. 오늘이 너무 힘들다면 문제의 본질을 깊이 생각하며 자신을 먼저 돌아보아야 한다. 자신의 한계를 극복하며 자신의 경계를 넓혀야 한다. 그래야만 어려운 일이 닥쳐와도 흔들림 없이 자신을 지켜가면서 담담하게 거침없이 해결해나갈 수 있다. 바다는 비에 젖지 않는다.

———

자신의 한계를 넘어라

인생은 배움의 연속이다. 죽는 날까지 배워도 세상에 존재하는 모든 지식에 견주어보면 자신이 가진 지식의 크기는 먼지만큼도 되지 않을 것이다. 그러니 가진 지식이 조금 많다고 해서 우쭐할 일이 아니다. 자신이 아직 모르는 것이 많다는 사실을 분명하게 인정하고 지금까지 가졌던 편견에서 깨어나는 태도가 중요하다. 특히 직장 생활을 시작하는 사람들에게는 더욱 그러하다.

국내 최고의 학부에서 우수한 성적으로 학업을 마친 후에 세계 최고라고 평가받는 대학에서 박사 학위를 받은 사람도 삶의 지혜나 사람을 대하는 태도 등에서는 좀 부족하다는 느낌을 받을 때가 있다. 자신의 분야에 대한 지식은 탁월하더라도 인생을 살아가면서 갖춰야 할 기본적인 태도는 부족하다는 것이다. 이는 아마도 그가 그동안 겪어왔던 환경과 새로운 환경과의 괴리에서 비롯된 것일 수도 있으며, 드물기는 하지만 학습 능력은 뛰어난 반면 타인을 이해하거나 상황을 인지하며 종합하고 판단하는 역량 등이 부족하거나 잠재된 능력이 개발되지 않았기 때문일 수도 있다.

여러 사람이 모여서 함께 일하는 조직에서는 아주 기본적인 생활 태도를 갖추고, 조직에 형성되어 있는 일종의 '문화'에 익숙해져야 한다. 자신의 세계만을 고집해서는 다수의 사람들에게 훌륭한 파트너로 인정받기 어렵다. 어떤 분야의 대가들을 만나보면 그가 가진 전문적인 지식이나 경험은 물론이고, 말하고 행동하는 품격에서 '클래스'가 다름을 종종 경험한다. 그가 지닌 태도가 그의 지식이나 재능을 더욱 빛나게 해주는 것이다.

인생에서 청년의 시기는 자신의 한계를 극복하며 경계를 넓히는 때이다. 우선 자신이 하고 싶은 일에서 당연히 전문가가 되어야 한다. 그런데 그 일에만 천착하는 것이 아니라 자신이 가진 것 외에 다른 것을 균형 있게 발전시켜야 한다. 특히 사람에 관한 것들이 그렇다. 목표 달성과 성과 창출을 위해 한 치의 양보도 없는 경쟁이 치열한 경영 일선에서 한때 인문학 붐이 일어난 것도 이와 무관하지 않을 것이다.

내가 알지 못했던 다른 세상에 대해서 이해하고 존중하는 것은 매우 중요하다. 특히 자신의 분야에서 어느 정도 지위에 오르고 싶은 사람들에게는 이러한 태도가 더욱 필요하다는 것을 자주 느낀다. 여러 부문을 통섭하고 관리하며 자신은 물론 함께하는 조직을 성장시키기 위해서는 새로운 영역에 대한 탐구를 게을리하지 않아야 한다. 이런 사람이 리더가 되면 갈등을 일으키기보다는 서로가 함께 존중하면서 더 좋은 직장을 만들면서도 탁월한 성과를 낼 수 있다.

자신의 한계를 허물고 모르던 세상을 알아가는 일에서 즐거움을 찾아야 한다. 당장 모른다고 해서 위축될 필요도 없다. 무엇보다 중요한 것은 내가 모른다는 사실을 인정하는 것이다. 그래야만 새로운 세계에 쉽게 접근할 수 있다. 서구 유럽이 15세기 대항해 시대 이후부터 21세기에 이를 때까지 세계를 지배하는 주류 세력이 된 것을 유발하라리는 그의 저서 《사피엔스》에서 다음과 같이 표현한다. "그들은 자신의 이론이 완전하지 않으며, 아주 중요한 것들 가운데 아직 모르는 것이 있다고 인정하기 시작했다." 서구 유럽은 15세기 말에 그들이 모르고 있다는 것을 인정하고 난 이후, 신대륙을 발견하고 18세기에 산업혁명을 이룩하며 21세기인 지금까지 경제, 사회, 문화 등 모든 분야에서 앞서가는 세력이 되었다는 것이다.

인생은 끊임없이 탐구하며 배우는 일의 연속이다. 생각의 한계를 넓히고 성장하며 몰랐던 세상에 대하여 너그러워지는 것이다. 러시아의 대문호 톨스토이의 작품을 보면 대부분이 인생에서 사랑이라는 고귀한 재료로 삶을 살아가며 죽음이라는 종착지에 이를 때까지 끊임없이 성장하는 내용들이다. 일과 직장 생활이 인생에서 매우 큰 부분을 차지하는 현대 사회를 살아가는 우리도 다르지 않다. 지금까지 알고 있던 자신의 영역을 좀 더 확장시키고, 가보지 않은 길을 가보고, 서로 이해하고 존중하면서 자신을 성장시키는 것이 삶의 과정이다.

막내딸이 지난해에 대학을 졸업하고 취업을 하기 위해서 대한민국에서 유명하다고 하는 대기업 다섯 곳에 면접을 보고 모두 떨어졌다. 아이러니하게도 나는 대기업에서 오랫동안 수많은 구직자들의 면접을 보아온 사람이면서도 딸에게는 면접에 대한 조언을 하지 않았다. 그 녀석이 아빠의 후광이나 도움을 받는 것을 무척 싫어하는 눈치였기 때문이다. 그런데 딸은 여러 차례의 실패에서 마음의 상처를 많이 받은 듯했다. 한동안 두문불출하더니 나와 아내에게 면담을 요청했다. 워킹홀리데이 비자를 받아서 호주로 떠나겠다는 것이었다. 면접에서 계속 떨어지면서 스스로 느낀 것이, 기업에서 볼 때에는 자신이 너무 온상 속에서 자라온 것이 약점으로 보였을 것 같다는 것이다. 또한 너무 긴장해서 진솔하게 대답한 것이 오히려 기업에서 원하는 대답이 아니었던 것 같다는 것이다. 그래서 부모님을 떠나서 고생을 해보며 앞으로 살아갈 방향에 대해서 진지하게 생각하는 시간을 가져보고 싶다는 것이 말하려는 요지였다. 나는 마음속으로는 딸을 곁에 두고 싶었고, 또한 취업이라는 것도 시기가 있기 때문에 한국에 머물면서 다시 도전하는 것이 온당하다고 생각했지만, 딸의 의견을 큰 망설임 없이 들어주었다.

"그래, 네가 원한다면 그렇게 해라. 인생 전체에 대하여 좀 더 깊이 고민하고, 네가 잘하고 즐기면서 할 수 있는 일이 무엇인지 깨닫는 기회가 되기를 바란다. 단지 이것이 현재를 회피하는 것이 아니라 몰랐던 세상을 온몸으로 체험하면서 네 인생을 조망하며 성공적인 삶을 살아가는 데 중요한 터닝포인트가 되기를 바란다."

많은 사람들이 크고 넓은 길을 가기를 원하고 당장에 편한 길을 선택한다. 그러나 그것이 항상 옳지는 않다. 때로는 남들이 가지 않은 길도 가보고, 평소에 생각하지 않았던 것에도 관심을 가져야 한다. 자신에게 주어진 환경이 때로는 자신을 힘들게 해도 오히려 그것을 성장의 계기로 삼아야 한다. 이때 중요한 것은 긍정적인 마음가짐으로 매순간 최선을 다하여 현재의 선택에 몰입하고 있는지 스스로를 돌아보아야 한다는 것이다.

적응하는 자가 살아 남는다

아무리 뛰어난 사람도 혼자서 성장하거나 성공할 수 없다. 특히 제한된 일에서 벗어나 좀 더 큰 일을 하려면 업무 관련자 또는 이해 관계자와 좋은 관계를 형성해야 한다. 어떤 사람들은 자신의 노력으로만 성공을 이룬 것처럼 이야기하곤 하는데, 참 어리석은 일이다. 그 성공은 오래 가지 못할 것이다.

기본적으로 업무 능력이 있어야 하며, 이에 더하여 관련 업무에서 협업이 잘되었느냐가 매우 중요하다. 조직 생활을 잘하는 사람은 먼저 나서서 공동의 일에 적극적으로 임하고, 타인의 어려움에 먼저 손을 내밀어 도움을 준다. 자신의 세계에 갇혀서 주변을 보지 못하고 혼자 일하는 사람들을 볼 때가 있는데, 이것은 성격이 외향적이냐 내향적이냐의 문제는 아니었다. 지금까지 살아온 그 사람의 삶의 태도였다.

요즘 젊은 청년들이 회식을 싫어하는 주된 이유가 업무 외 개인의 시간을 회사(상사)가 뺏는다고 생각하기 때문이다. 그래서 어떤 회사 리더는 직원들과 회식을 하려면 퇴근 시간 전에 일찍 사무실에 나와서 이른 저녁을 함께해야 한다고 푸념하기도 한다. 젊은 사람들이 회식을 꺼려하는 데는 여러 이유가 있겠지만, 나는 본질은 그저 회식의 방법이나 분위기가 불편하기 때문이라고 생각한다. 누구든지 그 자리가 즐겁고 편하면 함께하는 것을 즐기게 된다. 종래의 회식 문화가 상사에게 편한 대로 운영되기 때문에 요즈음 젊은 사람에게는 불편한 자리가 되는 것이다.

어려서부터 개인적인 생각이나 시간을 철저히 보장받으며 성장한 서양 사람도 처음에는 한국의 회식 문화를 어색하게 생각하다가도 점점 즐기게 된다는 이야기를 들은 적이 있다. 회사의 비용으로 동료를 더 잘 알게 되고 친근감을 느끼게 되며 상사와도 허물없이 이야기할 기회를 얻을 수 있기 때문이다. 요는 회사가 회식을 어떻게 바라보고 어떻게 운영하느냐, 개인은 회식을 어떻게 받아들이고 어떻게 자신에게 긍정적으로 작용하게 하느냐가 중요하다는 것이다. 사실 오랜 기간 동안 내가 다니던 회사가 글로벌 기업으로 성장하는 모습을 보면서 한국 기업만의 특별한 문화가 매우 큰 강점으로 작용한다는 생각을 한 적이 있는데, 어떤 면에서는 회식 문화도 그중 하나였다. 물론 세상의 변화에 따라서 회식 문화도 변화가 필요하기는 하지만 말이다. 여기서 중요한 것은 아무리 세대가 바뀌고 세태가 변해도 현재의 조직에 잘 적응하고 그 문화에 익숙해지면서 그 안에서 작은 혁신을 이루는 사람이 미래에 좋은 리더가 될 가능성이 높다는 것이다.

위에서는 단순하게 회식을 예로 들었지만, '회사에서 정해진 근로만 제공하면 그만이다'라고 생각하면 조직 내에서 일할 때 어려움을 겪을 수도 있다는 것을 명심해야 한다. 함께 일하는 사람들끼리 서로 잘 알지 못하면 소통하기가 어려우며, 자칫 조직에서 스스로 아웃사이더가 될 수도 있다. 이런 이야기를 일은 소홀히 하고 인간관계만 넓히라는 이야기로 곡해해서는 안 된다. 결국 일을 폭넓게 이해하고 잘하려면, 그리고 좋은 리더로 성장하려면 직장 초년 시절부터 조직에 성공적으로 잘 스며들어야 한다.

아무리 아름다운 꽃도 사막에서 피어나면 금방 시들어 죽게 된다. 만약에 지금 일하는 환경이 어색하고 불편하다면 자신에게 문제는 없는지부터 철저히 살펴보고, 좋은 환경으로 만들 자신이 없으면 조직을 떠나야 한다. 혹시나 스스로 환경에 적응하지 못하는 행동을 하면서 힘들어하는 일은 없어야 한다. 이러지도 저러지도 못하면서 불만 불평만 쌓이면 본인만 스트레스를 받고 아까운 시간을 낭비하게 된다.

사회 생활에서는 재능만 뛰어나다고 해서 진정한 승리자가 되는 것이 아니다. 가진 재능을 바탕으로 조직에 잘 적응해야 한다. 직장의 문화를 잘 이해하고 적응하며 구성원들과 좋은 관계를 유지해야 한다. 그래서 주변으로부터 인정받고 조직에서 붙잡고 싶은 사람이 되어야 최후의 승리자가 될 수 있다.

전문성을 높여라

여기서 내가 하고자 하는 이야기는 살아가는 마음가짐과 태도에 대한 것이다. 좀 더 범위를 좁힌다면 조직 내에서 일하는 태도에 대한 것이다. 일을 잘하기 위해서 가장 기본적으로 갖춰야 하는 것이 태도이지만, 자신의 업무에서 전문성을 높이는 것도 빼놓을 수 없다. 일을 잘하기 위해서는 조직이 먼저 나의 일터를 보장해주어야 하고,

자신은 능력을 잘 발휘해 조직 및 동료에게 좋은 영향을 주어야 한다. 그리고 궁극적으로는 자신의 일을 통해서 소중하게 생각하는 가치들을 실현하며 본인 스스로가 성장해나가야 한다. 그러기 위해서는 자신의 일에 대한 전문성을 반드시 갖추어야 한다.

직장에서 한 분야에서 전문성을 인정받으려면 10년 정도의 시간이 필요하다. 이것은 이미 많이 알려져 있다시피, 어떤 분야의 전문가가 되려면 최소한 1만 시간 정도의 훈련이 필요하다는 미국의 심리학자 에릭슨의 발표에 근거하는 것이다. '1만 시간'이라는 것의 의미는 끊임없는 부단함이 있어야 한다는 것이다. 특히 직장 생활에서 다양한 일들을 수행하며 자신의 일에 좀 더 공을 들여서 남다른 지식과 경험을 보유하려면 10년 정도는 자신의 분야에 열정을 쏟아야 한다. 내 경험으로 볼 때 직장에서 전문가로 인정받는다는 것은 상사나 동료, 후배 모두가 무슨 문제가 발생하면 가장 먼저 찾는 사람이 된다는 것이다. 단지 사람이 좋아서가 아니라 평소에 보여준 그의 능력 때문에 찾게 되는 것이다.

자신의 경력이나 학위들을 스스로 내세우는 것이 아니라, 주변 사람들이 먼저 당신을 알아봐줄 때 진정한 전문가가 된다. 학교에서 인정하는 학위나 어떤 기관에서 발급해주는 자격증도 전문성을 입증해주지만, 이것보다는 같은 분야의 사람들이 실제 상황에서 도움을 받기 위해 제일 먼저 찾아가는 사람이 전문가이다. 회사에서 사람을 채용할 때 학위나 학벌, 자격증을 요구하는 것은 그 사람을 아직은 잘 알지 못하기 때문에 객관적인 판단의 준거로 삼기 위해서일 뿐이다. 실제 일에 부딪혔을 때에 전문성은 학위나 자격증을 가진 사람이 아니라 오랜 시간을 꾸준하게 노력해온 사람이 발휘하는 경우가 많다. 전문성을 가진 사람은 누구보다 쉽게 일의 본질에 접근하고 해결 방안을 찾을 수 있기 때문에 때로는 주변 사람들과의 관계나 소통 등 태도가 크게 문제되지 않을 때도 있다. 그래서 직장 생활에서 업무 전문성은 절대로 소홀히 해서는 안 되는 필수 요소다.

마음가짐이나 태도가 어떤 일을 시작할 때부터 바로 서지 않으면 쉽게 갖추어지지 않듯이, 업무 전문성도 처음 일을 시작할 때부터 누구보다 착실하게 노력해야 갖출 수 있다. 출발선에 섰을 때에 각자의 역량은 다르더라도, 일에 애착을 가지고 꾸준하고 진실되게 한 걸음씩 나아가는 남다른 노력이 있다면 전문가가 될 수 있다. 일에 대한 열정이 당신을 전문가로 만들어줄 것이다.

끊임없이 자신을 살펴라

직장 생활에 대한 마음가짐이 바로 잡혀 있으며 좋은 태도와 습관을 가지고 남다른 노력을 지속적으로 하는 사람은 생각보다 그리 많지 않다. 그래서 이런 사람들의 대부분은 조직 내에서 인정을 받고 중요한 직책을 맡게 되며 비교적 빠르게 승진해 조직의 리더로 성장하게 된다. 하지만 리더가 되어서는 안 되는 사람도 의외로 있다. 여러 사람들이 관심 있는 자리일수록 그 자리를 차지하는 것에 신중할 필요가 있다. 아직 준비가 되지 않았거나 부족한 사람이 지위나 직책을 갖게 되면 본인은 물론 그 조직에도 좋지 못한 일이 되기 때문이다.

아무리 훌륭한 사람도 완벽할 수는 없다. 우리는 평생을 배우고 익히며 살아가도 그저 부족한 사람이라는 것을 잊지 말아야 한다. 끊임없이 자신을 살펴보면서 가다듬어야 한다. 직장 생활에서 진정으로 성공하고 싶다면 오늘부터, 아니 지금 당장에라도 자신을 살펴보는 일을 시작해야 한다. 하루에 최소한 한 번 아니면 세 번 정도는 자신만의 시간을 가져야 한다. 그리고 그 세 번 중 한 번은 일정한 루틴으로 생활 속에 자리를 잡아야 한다. 그래야 자신의 현재 생각이나 위치를 바로 알고 끊임없이 자신의 길을 걸으며 정진할 수 있다.

자신을 살펴서 마음을 바르게 하고 매 순간을 최적의 순간으로 만들며 자신과 이웃을 사랑하며 살아가야 한다. 인생이란 서로 사랑하며 죽는 날까지 끊임없이 자신을 성장시키는 것이다. 단순하게 눈에 보이는 목표만을 좇는 삶은 공허한 삶이 될 수 있다. 겉으로 보이는 것과 달리 실패한 직장 생활 그리고 아름답지 못한 인생이 될 수도 있다.

인생에서 직장 생활은, 더 나아가서 일을 한다는 것은 아주 큰 부분을 차지하며 누구도 이 길을 피해서 갈 수는 없다. 직장 생활을 시작하는 사람은, 아니 지금 직장 생활로 고민하는 사람은 자신의 현재와 미래에 대하여 깊게 생각하며 자신을 살펴보기를 바란다. 좀 더 멋진 삶을 살아가기 위해서 지금 무엇을 해야 하는지 글로 써보는 것도 좋다. 매일 혹은 특별한 순간마다 생각을 정리해서 글로 쓰면 현재뿐만 아니라 먼 훗날에 자신의 모습을 살피는 데에도 도움이 된다. 한 걸음씩 나아간 그 길에서 어느 날 우뚝 선 큰 산이 되어 있기를 기대한다. 자신을 살펴서 보다 나은 자신으로 성장하고 어느 자리에서 어떤 일을 하든지 당신의 삶의 순간이 아름답게 채워지기를 바란다.

완생, 좋은 삶을 위한
성공의 기술

초판 1쇄   2024년 11월 28일

지은이   이기홍, 이문진, 이인석, 변영삼, 이강란, 장동철
펴낸이   성은숙

기획   성은숙
편집   고우리, 권주영
디자인   노벰버세컨드

펴낸곳   화담,하다 미디어그룹
등록   제 2024-000010호(2024년 1월 17일)
주소   서울시 종로구 새문안로 82 에스타워 1907호
메일   contact@whadam.co
홈페이지   www.whadam.co

ISBN   979-11-987134-1-4 (03320)

화담,하다 미디어그룹은 ㈜에코인투의 출판 및 기획 콘텐츠 브랜드입니다.